L'Officiel de l'HUMOUR 2015

ISBN : 978-2-7540-6658-7
Dépôt légal : décembre 2014
Imprimé en France
par CPI Firmin Didot (125307)

Édition : Lisa Marie
Correction : Anne-Lise Martin
Illustrations : © Marc Chalvin
Mise en page et couverture : Olivier Frenot

Éditions First, un département d'Édi8
12, avenue d'Italie
75008 Paris
Tél. 01 44 16 09 00
Fax 01 44 16 09 01
Courriel : firstinfo@efirst.com
Internet : www.editionsfirst.fr

LAURENT GAULET

L'Officiel de l'HUMOUR 2015

+ de 1500 blagues, devinettes, citations...
100 % inédits

FIRST
Editions

Sommaire

Drôles d'animaux

• **Pourquoi les caméléons sont-ils les plus malheureux en amour ?**
Parce que leurs femmes leur en font voir de toutes les couleurs !

• **Pourquoi les couples d'éléphants ne durent-ils pas ?**
Parce qu'ils se trompent.

• **De très bonne heure, un brocanteur arpente les allées de la grande braderie de Lille à la recherche de la bonne affaire.** Soudain, il remarque un stand au pied duquel un petit chat boit dans un authentique bol de l'époque Ming ! Il s'adresse à la personne qui tient le stand…
– C'est votre chat ?
– Oui…
– Il est très mignon ! Vous ne voudriez pas me le vendre ?
– Non…
– Je vous en donne 50 euros !
– Mes enfants y tiennent beaucoup, alors…
– Je vous propose 100 euros !
– Allez, c'est d'accord.
Le brocanteur et le vendeur concluent l'affaire. Tout en prenant le chat, le brocanteur demande au vendeur :
– Je peux prendre son bol avec lui ? Je suppose qu'il a l'habitude de boire dedans…
– Ah non ! fait le vendeur. Ce bol est de l'époque Ming et il m'a déjà permis de vendre trois chatons en une heure !

• **Une jeune poule dit à une vieille poule :**
– Mes œufs sont plus gros que les tiens ! Au marché, ils se vendent 50 centimes de plus que les tiens !
– Et alors ? Tu crois pas que je vais me casser le cul pour 50 centimes ?

• **Que dit le hibou à sa femme avant qu'ils ne s'endorment ?**
Je te chouette une bonne journée !

• **Un type se rend dans une animalerie.** Il y achète un hibou et un perroquet. Le vendeur le prévient que le perroquet est gay… Quelques jours plus tard, l'homme revient se plaindre de ses acquisitions :
– Je voudrais échanger le hibou et le perroquet gay que je vous ai achetés !
– Vous n'êtes pas satisfait ?
– Non, pas du tout ! Le hibou passe ses nuits à faire « Houuuu ! Houuuuu ! » et le perroquet à lui répondre : « Dans l'cul ! Dans l'cul ! »

• **Aligue pense que Croco ne fume pas.** A-t-il raison ?
Aligue a tort parce que Croco deale.

• **C'est l'histoire d'un pingouin qui respire par le cul.**
Il s'assoit, il meurt…

• **Pourquoi les girafes n'existent-elles pas ?**
Parce que c'est un cou monté !

• **En Afrique, un supporter du PSG et un supporter de l'OM entreprennent de traverser une rivière infestée de crocodiles.** Le supporter parisien arbore un tee-shirt sur lequel il est inscrit « Paris, champion de France ! » et le Marseillais, un tee-shirt sur lequel on peut lire : « OM, champion de France ! » Le Parisien traverse la rivière mais se fait dévorer par les crocodiles. Le Marseillais, lui, traverse sans même être inquiété… Pourquoi ? Parce que l'OM champion de France, même un crocodile ne peut pas avaler ça !

• **Un serpent passe près d'un autre serpent…**
– Aïe ! Fais un peu attention, tu m'as marché sur les pieds ! s'écrie ce dernier.
– N'importe quoi, les serpents n'ont pas de pieds ! répond l'autre en haussant les épaules…

• **Trois petites chattes sont devant un bol de lait.** La première s'en approche, boit une lampée et est terrassée par une crise cardiaque. La deuxième petite chatte s'approche, met deux pattes dans le bol, boit une lampée et est terrassée par une crise cardiaque. La troisième s'approche, plonge tout entière dans bol, boit une lampée et est terrassée par une crise cardiaque.
Les trois petites chattes se retrouvent devant saint Félix (le saint Pierre des chats) qui leur demande pourquoi elles sont là. La première explique qu'elle a bu une lampée de lait et qu'elle est morte.
– Cha, ch'est pas grave, tu iras au paradis des chats.
La deuxième explique qu'elle a mis deux pattes dans le bol, bu une lampée et qu'elle est morte.
– Ch'a, ch'est pas très grave, tu iras au paradis des chats mais tu réchiteras trois « Je vous chalue minou ».
La troisième explique qu'elle a plongé tout entière dans le bol, bu une lampée et qu'elle est morte.
– Comment cha? Ch'est pas bien! Tu iras en enfer!!!
Moralité de l'histoire: plus les chattes sont mouillées, plus les saints sont durs.

• **Quel est le plus vieil animal du monde?**
La chatte d'Ève.

• **Qu'est-ce qu'un point rouge dans le ciel?**
Une mouche qui saigne du nez.

• **Un type entre dans un bar avec un crocodile en laisse.** Il demande au barman:
– Vous servez les Français?
– Mais bien entendu, monsieur!
– Alors une bière pression et… un Français!

• **En se promenant le long d'un étang, un homme fait la rencontre d'une petite grenouille.** Il la ramasse et elle se transforme aussitôt en fée. La fée s'adresse à lui :
– Tu m'as délivrée de mon état de grenouille, fais un vœu et je l'exaucerai !
– Ben… J'ai un tout petit sexe et j'aimerais bien en avoir un de 60 centimètres !
Aussitôt dit, aussitôt fait, l'homme se retrouve affublé d'un sexe long de 60 centimètres. Au bout de quelques jours, l'homme revient voir la fée.
– Tu n'es pas content de ton sexe ? lui demande-t-elle.
– Non, ça fait fuir les filles. Il est beaucoup trop long !
– Va voir la petite grenouille qui est assise au bord de l'eau, de l'autre côté de l'étang, et demande-lui si elle veut bien t'épouser. C'est une célibataire endurcie, et chaque fois qu'elle te dira non, ton sexe mesurera 10 centimètres de moins.
L'homme va donc voir la petite grenouille, à qui il demande :
– Petite grenouille ! Veux-tu m'épouser ?
– Non !
Et le sexe de l'homme perd aussitôt 10 centimètres.
– Tu ne veux pas m'épouser ? insiste l'homme.
– Non.
– Tu en es certaine ?
– Oui, c'est toujours non.
Le sexe de l'homme ne mesure alors plus que 30 centimètres. Comme c'est encore au-dessus de la normale, l'homme réitère sa demande :
– Allez… Épouse-moi !
Et la grenouille excédée lui répond :
– J'ai dit NON, NON et NON !!!

• **Un couple de Français passe un week-end à Londres.** Dans leur chambre d'hôtel, ils aperçoivent une souris traverser leur chambre à toute allure et se réfugier sous leur lit ! La femme hurle de frayeur et le mari, qui ne maîtrise pas bien l'anglais, descend aussitôt se plaindre à la réception.

– Heu… Hello ! I'm in the chambre 116. You connaître Tom et Jerry ?

– Tom & Jerry ?

– Yes ! Eh bien… Jerry is here !

• **Un lapin de laboratoire réussit à se défaire des liens qui le retenaient à une table et à débrancher les fils par lesquels il était relié à d'étranges machines.** Il crache la cigarette qu'il avait dans la bouche, échappe à la surveillance des laborantins et profite de leur inattention pour s'enfuir à travers champs… Pour la première fois depuis tout petit, il goûte aux joies de la liberté ! Il rencontre des congénères avec qui il gambade, grignote de l'herbe fraîche, vole des laitues et des carottes dans les jardins… Chemin faisant, il croise les belles oreilles d'une jolie lapine, c'est le coup de foudre ! Il découvre les plaisirs de l'amour. Les deux lapins font leur petite affaire et la lapine lui demande :

– Alors chéri, ça t'a plu ? On recommence ?

– Oui, super ! Mais je dois te quitter, il faut que je retourne au labo. J'ai trop envie d'une clope…

• **La Germaine ramasse les radis dans son jardin, lorsqu'elle voit passer courant et pépiant un poussin tout noir et dégoulinant.** Elle se demande où il a bien pu se fourrer pour être si sale et continue à ramasser ses radis. Soudain, un autre poussin surgit en pépiant, toujours aussi noir et dégoulinant. La Germaine s'étonne mais continue à ramasser ses radis. Puis c'est au tour d'un troisième poussin toujours noir et dégoulinant de s'enfuir en pépiant. La Germaine se redresse et dit :

– C'est toi, Maurice ?

Une voix répond depuis le fond du jardin :

– Oui ! Dis-moi, t'aurais pas du papier ? Parce que j'ai plus de poussins…

• **Comment peut-on faire aboyer un chat?**
On l'asperge d'essence, on craque une allumette et… WHOUFFF!

• ***Flash info***
Les chercheurs ont mesuré jusqu'à 5 mètres entre les oreilles d'un diplodocus et son anus. Ils en ont donc conclu que les diplodocus ne s'entendaient pas péter…

• **Un type se rend chez le coiffeur.** Pendant que ce dernier lui coupe les cheveux, il remarque qu'un chien reste assis à ses côtés à le regarder…
– C'est votre chien? demande le client au coiffeur.
– Oui…
– Il me regarde… Qu'est-ce qu'il attend?
– Ben… De temps en temps, une oreille tombe, il adore ça!

• **Que faut-il faire si un pitbull se branle sur votre jambe?**
Simuler l'orgasme…

• **Pourquoi le coq chante-t-il tous les matins?**
Pour remercier Dieu de ne pas avoir mis de petites culottes aux poules.

• **Un bègue entre dans une animalerie et observe les perroquets.** Un vendeur s'approche et lui demande:
– Vous désirez acheter un perroquet?
Le bègue lui répond:
– Je vou… vou… Je vou… vou… drrrrais un… un… pé… pé… un pé… un pépé… Un pépé… Ahhh!!! Je vou… vou… je vou… vou… drrrrais un… un… pé… pé… un pé… un pépé…
Le vendeur l'interrompt:
– Sortez de ce magasin! Si vous restez, vous allez gâcher la marchandise!

• **Un singe passe près d'une rivière et aperçoit un lion en train de laper l'eau.** Le lion est baissé et très occupé à boire. Le singe, pris d'un désir irrésistible et soudain d'assouvir un besoin sexuel, se précipite pour prendre le lion par-derrière ! Il s'enfuit ensuite en courant avant que le lion n'ait eu le temps de réagir. Quelques heures plus tard, le lion est à la recherche de celui qui l'a sodomisé… Le singe voit le lion arriver et se cache la tête derrière un journal pour masquer son visage. Le lion s'approche de lui et demande :

– Hé ! le singe ! T'aurais pas vu un de tes copains s'enfuir en courant ?

– Lequel ? répond le singe sans retirer le journal de devant sa tête. Celui qui a sodomisé un lion ?

– Pourquoi ? C'est déjà dans le journal ? dit le lion…

• **Dans un avion, un type se retrouve assis à côté d'un perroquet…** Bien que surpris, il fait mine de l'ignorer. Après le décollage, l'hôtesse passe dans l'allée pour proposer des boissons aux passagers. L'homme lui demande :

– J'aimerais un café, s'il vous plaît.

À ses côtés, le perroquet dit :

– Et moi, je pue de la gueule ? Donne-moi un verre d'eau, pétasse de mes deux !

L'hôtesse est choquée mais garde son calme… Elle remplit un verre d'eau, le pose devant le perroquet et pousse son chariot vers d'autres passagers en oubliant le café de l'homme… Ce dernier la rappelle poliment :

– Veuillez m'excuser, mademoiselle, mais vous avez oublié de me donner mon café…

L'hôtesse fait marche arrière et, alors qu'elle s'apprête à servir le café, le perroquet lui dit :

– Hé ! grosse pétasse ! Il est dégueulasse le verre que tu m'as donné ! Sers-moi un autre verre d'eau et bouge-toi un peu le cul !

L'hôtesse garde son sang-froid et sert un autre verre d'eau au perroquet. Alors qu'elle s'apprête à repartir avec son chariot

toujours en oubliant de servir le café, l'homme décide d'utiliser la méthode du perroquet pour se faire entendre :
– Heu… Pétasse ! T'as oublié mon café ! Dépêche-toi !
L'hôtesse, furieuse, repart vers le cockpit et revient quelques instants plus tard accompagnée de deux stewards. Les deux gars empoignent alors l'homme et le perroquet, ouvrent la porte de l'avion et balancent les deux malpolis dans le vide ! Dans les airs, le perroquet dit à l'homme :
– Dis-moi, tu te permets un drôle de langage pour quelqu'un qui n'a pas d'ailes !

• **Un marin pêcheur entre dans un bar avec un poulpe sur la tête.** Tous les clients sont morts de rire. Le marin pêcheur rétorque alors à l'assemblée :
– Ne riez pas ! Il s'agit du poulpe le plus intelligent du monde ! Il est capable de jouer de n'importe quel instrument !
– Ah, oui ? fait le barman, l'air moqueur.
– Oui ! Je parie même 1000 euros qu'il peut jouer de n'importe quel instrument de musique !
Le barman et les clients du bar relèvent le défi. Le barman s'éclipse un instant et revient avec une cornemuse sous le bras. Le marin pêcheur attrape l'instrument et le présente au poulpe. Le poulpe glisse lentement de la tête de son maître jusqu'à l'instrument, qu'il enlace et commence à tordre dans tous les sens, sans qu'aucun son en sorte… Au bout d'un moment, le marin pêcheur dit à son poulpe :
– Alors ! Qu'est-ce que tu fais ? Tu vas en jouer, oui ou non ?
Le poulpe laisse alors la cornemuse, remonte jusque sur la tête du marin pêcheur et lui dit doucement à l'oreille :
– T'es fou ? Si j'arrive à lui enlever son pyjama, je vais plutôt la baiser !

L'abus d'alcool
est dangereux
pour la santé

• Dans un bar, deux cow-boys sont attablés autour d'une bouteille de whisky.

– Tu vois le mec au bar, là-bas ? demande l'un.

– Lequel ? Il y en a dix !

– Celui qui a une chemise à carreaux !

– Ils ont tous une chemise à carreaux !

– Celui qui porte un flingue à la ceinture !

– Mais ils sont tous armés !

– Ah ouais... Le mec qui boit du whisky !

– Ils boivent tous du whisky...

Le cow-boy sort alors son revolver et abat neuf mecs au comptoir.

– Voilà ! C'est le mec qui reste au comptoir. Tu le vois, maintenant ?

– Oui. Eh bien, qu'est-ce qu'il a ?

– Bah... Lui, il a une tête qui me revient pas !

• Dans un bar, un type s'approche du barman et lance :

– Je te parie 300 euros que je peux poser un verre sur le bar et pisser dedans sans mettre une seule goutte à côté !

Le barman réfléchit un instant et estime que le pari est impossible à tenir...

– OK ! À la moindre goutte à côté, tu me dois 300 euros !

Le barman pose alors un petit verre sur le comptoir. Le mec sort ensuite son sexe et commence à pisser. Bien entendu, il en met partout ! Le barman est mort de rire...

– Ah ! Ah ! Ah ! Tu me dois 300 euros, mec ! Qu'est-ce qui t'a pris de faire un pari aussi idiot ?

– Tu vois les quatre mecs assis là-bas ?

– Oui...

– Eh bien, j'ai parié avec eux 600 euros que je pisserais sur ton bar et que tu rigolerais comme un con !

• **Deux clodos complètement bourrés cherchent un endroit où passer la nuit.**
– On n'a qu'à dormir contre cet arbre, là ! dit l'un.
– T'es fou ? La nuit, les mecs roulent bourrés, ils s'encastrent dans les arbres ! On ferait mieux de dormir au milieu de la route !
Les deux clodos se couchent donc au milieu de la route.
Cinq minutes plus tard, une voiture arrive et fonce sur eux.
Le conducteur donne un brusque coup de volant au dernier moment, les évite de justesse et s'encastre dans l'arbre…
– Tu vois, on a bien fait de se mettre là ! dit le clochard.

• **Deux soûlards s'apprêtent à faire la tournée des bars.**
Mais voilà… Ils n'ont plus un sou en poche. Soudain l'un d'eux a une idée :
– Comme on n'a presque plus un rond, on va aller s'acheter un hot dog. Comme ça, on pourra se boire autant de coups qu'on voudra !
L'autre ne saisit pas du tout où son copain veut en venir mais il s'exécute en tirant de sa poche les derniers euros qu'il lui reste.
Les deux compagnons de beuverie vont acheter un hot dog, puis pénètrent dans un premier bar. Là, ils commandent quelques verres.
Lorsque le moment de payer l'addition arrive, le type prend la saucisse du hot dog, la positionne sur la braguette de son copain et simule une fellation ! Apercevant cet effroyable spectacle, le barman leur crie :
– Fichez-moi le camp d'ici ! Pas de ça dans mon bar ! Dehors !!!
Les deux soûlards quittent donc le bar, heureux de n'avoir rien eu à payer. Et toute la nuit, ils naviguent de bar en bar, répétant la même stratégie qui fonctionne à merveille. Sur le coup des 6 heures du matin, alors qu'ils sont dans la rue et sur le chemin du retour, le stratège dit à son copain :
– On les a bien roulés dans la farine avec mon coup de la saucisse, hein ?
L'autre s'étonne :
– Quelle saucisse ? Je l'ai mangée dès le deuxième bar !

• **Un Belge et un Français sont accoudés au comptoir d'un bar.** Le Belge en est à sa sixième bière. Le Français, qui boit un café, essaye de convaincre le Belge que l'alcool est dangereux pour la santé :
– Savez-vous que l'alcool tue près de 40 000 Français tous les ans ? lui dit-il.
– M'en fous, j'suis belge !

• **Au milieu de la nuit, un homme rentre chez lui complètement bourré.** Après avoir laissé son mari faire la grasse matinée, sa femme lui apporte le petit déjeuner au lit…
– Tu vas bien, mon amour ? lui demande-t-elle d'une petite voix.
– Euh… Oui.
– Tu n'as pas la migraine ?
– Ben… Un peu, mais ça va. Pourquoi es-tu gentille avec moi ? s'étonne le mari. Je suis rentré saoul à 5 heures du matin et tu es toute douce avec moi ?
– Quand tu t'es couché, explique sa femme, j'ai voulu me blottir contre toi, j'avais froid. Et tu as crié : « Dégage de là, salope ! J'suis marié ! »

• **Un homme complètement saoul marche tant bien que mal dans la rue.** Il avance avec un pied sur le trottoir et l'autre dans le caniveau… Voyant cet homme tituber ainsi, un type l'interpelle :
– Monsieur ! Vous rentrez chez vous ? Je vois que vous êtes saoul…
– Ouf ! fait le type. Vous me soulagez, je pensais que je boitais !

• **Un type se confie à un copain :**
– Franchement, je n'ai pas de chance ! Il y a quelques mois, j'ai voulu embrasser une auto-stoppeuse que j'avais fait monter dans ma voiture… Malheureusement, elle a porté plainte et le juge vient de m'infliger une amende de 200 euros pour attentat à

la pudeur ! Ensuite, quand il a vu la fille, il m'a suspendu mon permis de conduire et m'a donné une amende de 300 euros pour conduite en état d'ivresse !

• **On ne dit pas « un Alcootest ».**
Mais on dit… « un soufflé aux amendes ».

• **Qu'est-ce qu'un couple fidèle pour un alcoolique ?**
C'est whisky-Coca !

• **Un homme a pris l'habitude de commander deux bières en même temps, tous les jours.** Le patron finit par lui demander à quoi correspond ce rituel.
– J'ai un pote qui est mort il y a trois mois. Alors, pour ne pas l'oublier, je commande toujours deux bières. Une pour lui, une pour moi.
Un mois plus tard, le type se présente dans le bar et commande une seule bière. Le patron lui dit :
– Dites ! Vous n'auriez pas oublié votre copain aujourd'hui ?
– Non, pas du tout ! C'est moi qui arrête de boire…

• **Un type entre dans un bar et commande un whisky.**
Il l'avale cul sec, regarde une photo qu'il a dans sa poche et commande un autre verre. Il avale le deuxième verre cul sec, regarde la photo qu'il a dans la poche et commande un troisième verre. Le barman le sert. Le type s'empare aussitôt du verre, le vide et regarde une nouvelle fois sa photo avant de commander un autre whisky. Le barman finit par lui demander :
– Pourquoi vous regardez toujours cette photo avant de commander ?
– C'est la photo de ma femme. Quand je la trouverai belle, je rentrerai chez moi.

UN CAFÉ, S'IL TE PLAIT !
TU NE BOIS RIEN, AUJOURD'HUI ?
NON, J'ARRÊTE !
TU ES MALADE ?
NON, MAIS...
HIER, IL A SUFFI D'UN VERRE POUR QUE JE TOMBE RAIDE PAR TERRE !!
UN VERRE ?!
OUI, LE DIXIÈME SI JE ME SOUVIENS BIEN...
CHAUVIN

• **Trois types au crâne rasé entrent dans un bar.** Au comptoir, un Noir est accoudé et consomme une bière. Un type s'approche du Noir, lui baisse son pantalon, puis lui file un grand coup de pied au cul. Le Noir ne dit rien… Le deuxième type attrape les parties génitales du Noir et les serre très fort dans ses mains. Le Noir ne bronche toujours pas… Le troisième type met alors un doigt dans le trou du cul du Noir. Ce dernier tourne alors la tête et demande :
– Tu cherches la merde ?

• **Deux piliers de bar discutent.**
– En ce moment, ça ne va pas très bien avec ma femme…
– Ah ?
– Oui, elle fait tous les bars de la ville !
– Merde… Elle est devenue alcoolique ?
– Non, elle me cherche.

• **Lors d'une réunion des Alcooliques anonymes, un homme prend la parole :**
– Bonjour, je m'appelle Jean-Pierre et je suis alcoolique !
Tout le monde répond en chœur :
– Bonjour, Jean-Pierre !
Jean-Pierre raconte son histoire :
– Voilà… Si je vide des bouteilles, c'est parce que je n'ai pas de femme et que pour moi, c'est une substitution à l'amour que je n'ai pas…
– Pourquoi veux-tu arrêter ? lui demande le président de l'association.
– Si je veux arrêter, c'est parce qu'un jour, je me suis coincé le sexe dans le goulot !

• **Un type accoudé au comptoir d'un bar sent que son pantalon est mouillé.** Il se tourne vers son voisin de gauche et lui dit :

– Eh ! P'tit con ! C'est toi qui as renversé ta bière chaude sur moi ?

– Non ! Pourquoi ?

Le type se tourne alors vers son voisin de droite et dit :

– Alors, c'est toi qui as renversé ta bière chaude sur moi ?

– Non ! Ce n'est pas moi !

– Oooh, oooh… fait le type après avoir réfléchi un instant.

Proverbes à la con

- À côté d'un verre vide il y a un mec plein.

- Belle de loin mais loin d'être belle.

- Boire en mangeant évite la poussière en chiant.

- Canicule en été, héritage à la rentrée.

- Celui qui a déjà vu une carotte râpée ne doit pas s'étonner de la voir chanter.

- C'est lorsqu'un moustique se pose sur ses testicules que l'on réalise que tous les problèmes ne peuvent pas se régler par la violence.

- Chassez l'alcoolique, il revient au goulot.

- Dieu créa les seins pour nourrir les enfants, le chirurgien les silicona pour se nourrir.

- Donné, c'est donné. Repeindre ses volets.

- Femme en voiture raye la peinture.

- Heureux est le chauve qui a une queue-de-cheval.

- Il faut battre son frère tant qu'il a chaud.

- Il ne faut jamais tenter de faire d'une pierre deux couilles.

- Il ne faut pas mettre la charia avant l'Hébreux.

- Il n'y a jamais loin de la croupe aux lèvres.

- Il n'y a pas que la vérité qui blesse, un bon coup de pelle aussi...

- Joint du matin, haleine de babouin.

- La lampe torche, le PQ aussi.

- La pilule fait grossir, surtout si on l'oublie.

- L'alcool est interdit au volant ! Mais pas au conducteur...

- L'alcool n'est pas une réponse mais il fait oublier la question.

- Le ciseau à bois, la caravane passe.

- Le Tampax mais les règles restent.

- Les alcooliques n'ont pas de problème avec l'alcool, mais sans.

- Lingette, l'autre ramasse.

- Mieux vaut se chauffer au caviar que de bouffer du charbon.

- Neige en novembre, Noël en décembre.

- On n'encule pas une poule sans casser des œufs.

- On pleure quand on meurt, on riz cantonnais.

- Pas de chat, vie de pacha.

- Pingouins dans les dunes, hiver sans lune.

- Quéquette en décembre, layette en septembre.

- Quand je vois tes yeux, je suis amoureux, quand je vois ton cul, je suis très déçu. (Dany Pabrillant)

- Quand il y a trop de poils, on ne voit pubiens.

- Quand tu bois Campbell, les filles sont toutes belles.

- Qui a la chiasse tire la chasse.

- Qui a peur de l'échec joue aux dames.

- Qui aime bien ses lunettes ménage sa monture.

- Qui boit trop lors d'un tête-à-tête risque un tête-à-queue.

- Qui ne tente rien ne va pas au camping.

- Qui prend trop les gens pour des pigeons finit par se faire chier dessus.

- Qui s'endort avec la vessie pleine se réveille avec des draps mouillés.

- Sauvez un bambou, mangez un panda !

- Sauvez une souris, bouffez une chatte !

- Seul à la maison, branlette dans le salon.

- Si jaune et déjà poney !

- Si le bonheur est dans le pré, alors mon cul est resté à l'étable !

- Si tu n'as pas d'idée, Johnny Hallyday.

- Si tu te fais mal au judo, c'est qu'il y a un truc karaté.

- Sodomie du matin, fraîcheur du vagin. Sodomie du soir, repos des mâchoires.

- Soleil en août, pâté en croûte.

- Un proverbe sur les nains, ça passe partout.

- Une flûte de Pan, trois raisons d'espérer.
(Proverbe péruvien)

- Un grain de riz, trois raisons d'espérer.
(Proverbe chinois)

- Vache qui pète, mouche qui fouette.

Cocus & Co

• **Sur la table d'opération d'un hôpital, une patiente complètement dénudée est allongée.** Alors que le chirurgien se penche au-dessus d'elle, la femme ouvre les yeux et lui dit :
– Si tu veux que l'on continue à se voir, il va falloir trouver un autre moyen : la Sécu commence à avoir des doutes !

• **Un homme rentre à l'improviste et découvre sa femme au lit…**
– Tu as un amant, j'en suis sûr ! Où est-il que je lui pète la gueule ?
– Mais je n'ai pas d'amant !
– Oh que si ! Je vais le trouver et je vais lui faire bouffer ses dents à cet enfoiré !
L'homme regarde sous le lit et dit :
– Non, il n'est pas là…
Il regarde derrière les rideaux :
– Non, il n'est pas là…
Il ouvre la porte de la salle de bain :
– Non, il n'est pas là…
Il ouvre la porte du placard, découvre un grand Noir baraqué et dit :
– Non, il n'est pas là non plus…

• **Un homme arrive tout essoufflé et très en colère au travail.** Un collègue lui demande ce qui ne va pas, il lui répond :
– Hier soir, en rentrant chez moi, j'ai surpris ma femme avec un homme, en train de faire l'amour sur le canapé !
– Mince… Qu'est-ce que tu vas faire pour qu'elle ne recommence pas ?
– J'ai pris mes précautions. Ce matin, j'ai jeté le canapé aux encombrants !

• **Que fait un homme extrêmement baraqué dans ton lit avec ta femme ?**
Tes enfants…

• **Un homme rentre chez lui et découvre sa femme au lit avec un amant…**
– Qui… Qui est cet homme ? balbutie le mari.
La femme s'adresse alors à son amant :
– Mais c'est vrai, ça ! Comment tu t'appelles ?

• **Un homme fou de rage entre dans un bar avec un fusil à la main en hurlant :**
– Quel est celui qui a baisé ma femme !!!
Le barman lui répond :
– Baisse ce fusil, tu vas manquer de cartouches…

• **Un homme conduit sa jeune femme à l'aéroport où elle doit prendre l'avion pour Londres pour se rendre à un séminaire d'entreprise.** Une fois arrivée à Roissy, sa femme lui demande :
– Je reviens dans une semaine. Au fait, quel cadeau aimerais-tu que je te ramène d'Angleterre ?
Le mari, coquin, lui répond :
– Si tu veux me faire plaisir… Ramène-moi une petite Anglaise !
Son épouse ignore sa remarque et s'éloigne. Une semaine plus tard, le mari vient chercher sa femme à l'aéroport. À peine se sont-ils retrouvés qu'il lui demande :
– Alors, mon petit cadeau ? Où est-il ? Je ne vois pas de petite Anglaise avec toi ?
Sa femme le foudroie du regard et lui lance :
– Pour la petite Anglaise, je peux te dire que je me suis donnée à fond ! Mais tu vas devoir encore patienter neuf mois pour savoir si ce sera une fille ou non !

• Un homme qui doit partir en voyage d'affaires demande à son perroquet :

– Je reviens dans quinze jours. Si tu vois que ma femme commet une infidélité, tu t'arraches une plume. OK ?

– Oooookééé !

Quinze jours plus tard, l'homme regagne son foyer et s'étonne de ne plus voir le perroquet dans sa cage.

– Où est le perroquet ? demande-t-il à sa femme.

– Je suis navrée, lui répond-elle, mais il est mort de froid. Il est devenu complètement fou, il s'est arraché toutes les plumes !

• Un enfant demande à sa maman :

– Il est en quelle classe, papa ?

– Papa ? Mais il y a longtemps que papa ne va plus à l'école ! Pourquoi ?

– Parce que l'autre jour, je l'ai entendu dire au téléphone : « Demain, je vais voir ma maîtresse ! »

• Un homme, qui soupçonne sa femme de le tromper, rentre plus tôt que prévu d'un voyage d'affaires afin de prendre sa femme en flagrant délit d'adultère… Il entre sur la pointe des pieds dans la chambre à coucher, allume la lumière, tire la couette du lit et constate que sa femme est bien couchée avec un homme ! Il sort alors un pistolet de sa poche et le pointe vers l'amant.

– Pitié, ne tire pas ! supplie la femme. Je vais te dire toute la vérité ! L'héritage de ma tante Simone, c'était totalement faux ! C'est lui qui a acheté notre villa au bord de la mer ! Et puis aussi la nouvelle voiture ! Et qui paye aussi nos vacances, et nos impôts !

Le cocu, qui tient l'arme dans une main et la couette dans l'autre, tend cette dernière à l'amant et lui dit :

– Couvrez-vous, vous allez prendre froid.

• **Une femme de ménage va voir la maîtresse de maison et lui annonce :**
– Je veux une augmentation !
– Comment osez-vous demander cela ? Pour quelles raisons vous augmenterais-je ?
– Eh bien… Parce que je fais mieux la cuisine que vous !
– Qui vous a dit cela ?
– C'est votre mari. Et puis… je repasse mieux le linge que vous !
– Qui vous a dit cela ?
– C'est votre mari. Et puis… je fais mieux l'amour que vous !
– Qui vous a dit cela ?
– C'est le jardinier.
– Ah ? De combien souhaitez-vous être augmentée ?

• **Un chevalier se prépare à partir en croisade pour une durée de trois ou quatre ans.** Avant son départ, il verrouille à double tour la ceinture de chasteté de sa femme. Cette dernière se plaint :
– Comment ferai-je pour aller à la selle ?
– Il y a des trous prévus à cet effet, madame !
– Pardonnez-moi, mon preux chevalier mais… Si la semence dont vous m'avez honorée cette nuit était fertile, comment ferais-je pour mettre au monde votre enfant ?
– C'est exact…
– Pourquoi ne confiez-vous pas la clef de ma ceinture à votre serviteur de confiance ?
Le chevalier se laisse convaincre et tend la clef à son serviteur :
– Tiens ! Garde la clef de la ceinture de chasteté de ma femme ! Tu ne l'ouvriras que si elle doit accoucher !
Très heureux de tenir en main le précieux sésame, le serviteur acquiesce.
– Bien, monseigneur…
Sur ces dires, le chevalier quitte la chambrée, saute sur son cheval et s'éloigne du château. Quelques instants plus tard, il est

rejoint par son serviteur qui parvient à le rattraper en courant.
– Monseigneur ! Monseigneur !!! Attendez-moi !!!
Le chevalier stoppe son cheval.
– Qu'y a-t-il ?
– Monseigneur ! dit le serviteur en montrant la clef de la ceinture. Vous vous êtes trompé, ce n'est pas la bonne clef…

• **Une femme se confie à sa femme de ménage…**
– Je suis persuadée que mon mari a une relation avec sa secrétaire… Qu'en pensez-vous ?
– Je pense que vous dites ça pour me rendre jalouse !

• **Un petit garçon demande à sa mère :**
– C'est quoi que tu as entre les jambes, maman ?
– C'est le paradis…
– Et toi papa, c'est quoi que tu as entre les jambes ?
– C'est la clef du paradis !
– Eh bien, tu ferais mieux de changer la serrure, le voisin a un double !

• **Au comptoir d'un bar, deux gars parlent de leur femme.**
– C'est un bon coup, la tienne ? demande l'un à l'autre.
– Certains disent que oui, d'autres que non…

• **Un homme marié rencontre une jolie fille…** Il décide de la raccompagner chez elle et, bien entendu, à peine entrés dans l'appartement, ils se jettent l'un sur l'autre et font l'amour comme des bêtes. Plus tard, beaucoup plus tard, l'homme s'aperçoit qu'il est déjà 4 heures du matin…
– 4 heures !!! Qu'est-ce que je vais bien pouvoir raconter à ma femme !
– La vérité, mon amour…
– Tu crois ?
– J'en suis persuadée.
– Tu as du talc ?

– Oui, pour quoi faire ? C'est un truc cochon ?
L'homme se talque les mains et rentre rapidement chez lui. Sa femme qui l'attendait se met à hurler dès son entrée.
– Ne crie pas, chérie. Je t'explique : j'ai rencontré une superbe fille, je l'ai raccompagnée chez elle et tout naturellement nous avons fait l'amour, et ce jusqu'à 4 heures du matin. Je n'ai pas vu l'heure passer. Voilà, mon amour, pourquoi je suis si en retard.
La femme attrape les mains de son mari, les retourne et dit :
– Pauvre menteur… Tu es encore allé traîner au bowling !

Devinettes

• Que font les Chinois avec une peau de banane?
Ils la jettent, comme tout le monde!

• Que se disent les arbres lorsqu'ils sortent en boîte de nuit?
Laquelle je vais brancher?

• Quels fruits trouve-t-on dans toutes les maisons?
Les mûres et les coings.

• Pourquoi les Chinois rigolent-ils tout le temps?
Parce que eux, ils savent ce qu'il y a dans les nems!

• Quel est le comble du faignant?
C'est de se coucher sur une fille et d'attendre un tremblement de terre pour la suite.

• Comment reconnaît-on un sumotori à côté d'une militante féministe?
Le sumotori, c'est celui qui a les jambes épilées.

• Qu'est-ce qui est blanc, qui a de petites ailes collantes et qui suce le sang?
Always Ultra!

• Quel est le sport le plus sexy?
Le base-ball.

• Pourquoi les sorcières ne portent-elles pas de culottes?
Pour bien coller au balai!

• Comment écrit-on sodomie en trois lettres?
AÏE!

• Que fait Tita?
Tita nique!

• **Où elle habite ?**
Entre les jambes.

• **Quel est l'avantage d'être sourd quand on va bientôt mourir ?**
C'est que l'on n'entend pas sonner sa dernière heure.

• **Pourquoi les écolos rêvent-ils d'attraper la lèpre ?**
Pour devenir biodégradables.

• **Quel est l'animal préféré des aveugles ?**
La canne.

• **Que dit Garou lorsqu'il entre dans un parking ?**
Hé ! J'me gare où ?

• **Que dit une bouteille de Badoit à une bouteille d'Ogeu ?**
Alors, ça gaze ?

• **Pourquoi les Indiens ne scalpaient-ils pas les brunes ?**
Parce que les poils du derrière des bisons étaient plus faciles à manipuler !

• **La matière active du Doliprane est le paracétamol.** Quelle est celle du Viagra ?
Le Mabitétoutemol !

• **Quel point commun y-a-t-il entre des marrons et du Viagra ?**
Les deux servent à fourrer la dinde…

• **Qu'est-ce qu'un fil dentaire organique ?**
Un poil pubien.

• Combien font quatre fois quarante ?
Cela fait quatre fois qu'elle ressort.

• Comment s'appelle le super-héros qui ne mange que des fayots ?
Pétomane !

• Pourquoi faut-il raconter des histoires drôles à ses vêtements ?
Pour qu'ils soient pliés !

• Que faire si l'on se blesse avec une clef anglaise ?
Il faut faire une piqure antibritannique.

• Connaissez-vous la blague du barbu qui se fait enculer ?
Non ? Eh bien, laissez-vous pousser la barbe…

• Qu'est-ce qui est jaune et plein de poils ?
Une tartine beurrée qui est tombée sur la moquette…

• Quel point commun y a-t-il entre un préservatif et un copyright ?
Ils interdisent tous deux la reproduction !

• Qu'est-ce que la virginité ?
Un manque d'opportunités.

• Que dit une feuille de papier qui tombe à l'eau ?
J'ai pas pied !

• Comment faire la différence entre le devant d'un arbre et le derrière d'un arbre ?
Eh bien, on pisse devant et on chie derrière !

• Quelle est la méthode contraceptive des Belges ?
Le lance-pierre pour tirer sur les cigognes !

• Quand un Français qui va pisser se lave-t-il les mains ?
Pendant !

• Quelle différence y a-t-il entre une échelle et un pistolet ?
L'échelle sert à monter et le pistolet à descendre.

• Comment s'appelle la fée qui pète ?
La fée Culan.

• Pourquoi les Corses n'attachent-ils pas leur âne aux arbres ?
Parce qu'ils pourraient manger l'écorce…

• Qu'est-ce qu'un bossu qui porte une Noire sur le dos ?
Une madeleine au chocolat.

• Pourquoi y a-t-il beaucoup de célibataires à Dijon ?
Parce que l'amour tarde… (la moutarde)

• Comment appelle-t-on un dinosaure pédé ?
Un Tripotlanus.
Et son compagnon ?
Le Perforlanus.

• Qu'est-ce qui fait toin-toin ?
Un tanard !

• Qu'est-ce qu'une bagarre entre deux banquiers ?
Un règlement de comptes !

• On ne dit pas « une recrue d'essence ».
Mais on dit… « l'employé de la station-service ».

• **Pourquoi les pêcheurs sont-ils maigres?**
Parce qu'ils surveillent leur ligne.

• **Quelle différence y a-t-il entre de la gelée et une Anglaise?**
La gelée, elle bouge quand on la lèche!

• **Pourquoi les pets sentent-ils mauvais?**
Pour en faire profiter les sourds.

• **Qu'est-ce qu'un « cinq contre un » ?**
La masturbation.

• **Où M. et Mme Dynamite se sont-ils rencontrés?**
Dans une boom!

• **À quoi reconnaît-on une Portugaise dans un salon de coiffure?**
Aux bigoudis sur les jambes.

• **Pourquoi les Belges ont-ils des frites et les Arabes du pétrole?**
Parce que le jour de la création du monde, ce sont les Belges qui ont choisi les premiers.

• **Que dirent, l'air désespéré, les parents des sept nains à la naissance de leur dernier enfant?**
Encore un garçon!

• **Que faut-il faire pour que les non-voyants puissent regarder la télévision?**
Monter le son à fond pour que ça braille!

• **Qu'est-ce qu'il y a après 69?**
Deux bons bains de bouche!

• **Que dit un Chinois pour inviter une fille à dîner ?**
Viens mâcher riz !

• **On ne dit pas « un pilote d'essai ».**
Mais on dit… « un chauffeur de corbillard ».

• **Pourquoi les petits Chinois ne croient-ils pas au Père Noël ?**
Parce que ce sont eux qui fabriquent les jouets.

• **Que répond un papa cyclope à son fils qui lui demande pourquoi il n'a qu'un œil ?**
Tais-toi, tu me casses la couille !

• **Quel est le dicton préféré des éjaculateurs précoces ?**
Ce sont toujours les meilleurs qui partent les premiers.

• **Quelle différence y a-t-il entre une assiette de cassoulet et un pet ?**
Environ deux heures.

• **Que dit un mineur qui reçoit un bloc de charbon sur le pied ?**
Houille !

• **Quel est le super-héros des plombiers ?**
C'est Robinet Batman.

• **Où les super-héros font-ils leurs courses ?**
Au supermarché !

• **Qu'est-ce qui peut grossir sans prendre de poids ?**
Le trou.

• Parmi plusieurs tablettes de chocolat, à quoi reconnaît-on le mâle ?
Aux noisettes !

• Pourquoi les vaches sont-elles vertes en Martinique ?
Paskwe la wache kiwi !

• Pourquoi les siamoises font-elles fantasmer les geeks ?
Parce qu'elles ont un dual corps !

• Comment dorment les petits Africains ?
Côtes à côtes.

• Comment appelle-t-on les gens qui ne mangent pas de viande ?
Les pauvres…

• Quel est le secret d'une fête réussie dans le Dauphinois ?
C'est lorsque tout le gratin est là !

• À quel moment un lépreux quitte-t-il une partie de poker ?
Quand il perd la main…

• Que fait Sylvester Stallone devant son miroir ?
Il se rend beau.

• Pourquoi le permis de pêche est-il toujours ouvert avant le permis de chasse ?
Parce qu'il vaut mieux sortir la gaule avant de tirer un coup…

• Quel avantage y a-t-il à tomber en panne d'essence ?
La voiture est moins lourde à pousser que si le réservoir était plein.

• **Dans la famille Razzi, qui est le photographe?**
C'est le papa Razzi.

• **Qu'est-ce qu'une jambe au milieu d'un trottoir?**
Un lépreux qui a marché sur un chewing-gum.

• **Que se passe-t-il quand Donald et Daffy Duck se battent?**
Ça fait un conflit de canards.

• **Qu'est-ce qu'un Alsacien?**
Un Suisse qui n'a jamais pu arriver en Belgique.

• **Que peut-on dire de quelqu'un qui se déclare très content du choix de sa voiture?**
Qu'il fait de l'auto-satisfaction!

• **Quel genre d'humour les dindes détestent-elles?**
Les farces.

• **Pourquoi Gilbert Montagné tutoie-t-il tout le monde?**
Parce qu'il ne vouvoie pas!

• **Pourquoi les Français se noient-ils plus que les autres?**
Parce que même dans l'eau, ils ouvrent leur grande gueule!

• **Qu'est-ce qui est tout noir et qui a une queue à 2 mètres sous terre?**
Une veuve.

• **Les habitants du Caire s'appellent les Cairotes. Savez-vous combien ils sont?**
Les Cairotes sont qu'huit!

• **Pourquoi les nains rigolent-ils quand ils marchent?**
Parce que l'herbe leur chatouille les testicules.

• **Pourquoi les enfants sont-ils de plus en plus terribles?**
Rien d'étonnant à cela! À force d'écouter les histoires de Cendrillon qui ne rentre pas avant minuit, de Tarzan qui vit à poil, d'Aladin le roi des voleurs, de Pinocchio le menteur, de Batman qui conduit au-delà des vitesses autorisées, de Blanche-Neige qui a sept mecs…

• **À quoi reconnaît-on une mère poule?**
La nuit, quand vous vous levez pour aller aux toilettes et que vous revenez vous coucher, votre lit est déjà fait!

• **Dans quel monde Vuitton?**
Dans un monde où les prix sont LV.

• **Qui a un petit minou qui sent la moule?**
La petite Sirène!

• **Tu veux une histoire qui vole bas?**
C'est l'histoire d'un nain en avion…

• **Pourquoi se sert-on de l'iPhone 6 d'une seule main?**
Parce qu'il a coûté l'autre bras!

• **Quel mot peut ouvrir toutes les portes?**
Poussez!

• **Quelle différence y a-t-il entre la France et le Mexique?**
Au Mexique il n'y a que les plats qui font chier!

• **Comment faire pour qu'il y ait moins de branleurs sur terre?**
En leur greffant du papier de verre dans les mains!

• **Qu'est-ce qu'un Chinois au régime?**
C'est un Bridé Light!

• **Qu'est-ce qu'une Europe « light » ?**
C'est une Europe sans la Grèce!

• **Quel est le comble du fainéant?**
C'est de faire une sieste avant de dormir.

• **Quelle différence y a-t-il entre une otarie et une Portugaise?**
L'une a des moustaches, le poil luisant et sent la morue, l'autre vit dans le Pacifique et les mers australes.

• **À quoi ressemblent deux Portugaises exécutant un 69?**
À une mygale.

• **Pourquoi les bébés-éprouvette sont-ils plus beaux que les autres?**
Parce qu'ils sont « faits main ».

• **Quelle différence y a-t-il entre la main droite et la main gauche?**
La main droite c'est celle où le pouce est à gauche et la main gauche c'est l'inverse.

Drôles de couples

• **Un homme décède et monte au paradis.** Dix ans plus tard, sa femme meurt à son tour et le rejoint au ciel.
– Oh, mon chéri, que je suis heureuse de te retrouver! s'exclame sa femme en courant vers lui.
– Stop!!! hurle alors son mari. Il me semble que le curé avait été très clair: « Jusqu'à ce que la mort vous sépare! »

• **Un Belge vient de se marier, le couple passe sa toute première nuit ensemble.** La femme se blottit contre son mari et lui dit:
– J'ai froid…
Le mari se lève, ferme la fenêtre, puis se recouche. Sa femme revient contre lui et réitère sa plainte…
– J'ai froid. Tu comprends?
Le mari se relève et calfeutre le dessous de la porte d'entrée avant de revenir se coucher.
– Mais enfin, est-ce que tu sais que j'ai un trou? lui dit sa femme énervée.
– Ah? Mais alors c'est de là que vient le courant d'air!

• **Un homme rentre du travail et trouve sa femme en train de nettoyer le sol, à quatre pattes dans la cuisine.** Elle est nue et ne porte qu'un petit tablier… Sans faire de bruit, le mari s'approche de sa femme, baisse sa braguette et la prend par-derrière! Lorsqu'il a terminé son affaire, il se redresse et flanque un grand coup de pied dans le postérieur de sa femme. Cette dernière s'offusque:
– Quoi? Je réalise ton fantasme en t'attendant nue, à quatre pattes dans la cuisine, et toi, pour me remercier, tu me donnes un grand coup de pied?
– Oui! Tu aurais pu te retourner pour voir qui c'était!

• **Un jeune homme de très bonne famille, timide à l'extrême, est contraint de se marier à une jeune femme issue également d'un milieu très bourgeois.** Ils font un beau mariage. La journée s'est déroulée à merveille et il est maintenant l'heure de la nuit de noces. Mais voilà, non seulement il n'a jamais fait l'amour, mais il n'a non plus jamais vu une femme dévêtue ! Le lendemain matin, la jeune mariée est désespérée et se confie à sa mère :

– Il est minable au lit ! Nous n'avons rien fait. Il n'avait aucune idée de la manière dont il fallait s'y prendre. J'ai essayé de lui expliquer mais c'est comme si j'avais parlé dans le vide.

Sa mère, qui en connaît un rayon sur le sexe, la réconforte :

– Ne t'inquiète pas, ma belle. Je vais lui en toucher deux mots et tout sera réglé dès ce soir.

Elle s'empresse d'aller voir son gendre :

– Ma fille m'a dit que cela n'avait pas été brillant, hier soir...

– C'est exact, madame. D'après les dires de votre fille...

– Laissez-moi vous donner un petit conseil. Le sexe, c'est animal. C'est instinctif ! Prenez exemple sur les chiens. Vous avez déjà vu des chiens en train de faire la chose, n'est-ce pas ?

– Oui, lui répond-il.

– Alors faites comme les chiens et ma fille sera aux anges !

Le surlendemain, la mariée est encore plus désespérée que la veille :

– Mais quels conseils lui as-tu donnés ? Il a été encore pire que la veille !

– Ah bon ? Mais que s'est-il passé ? s'inquiète sa mère.

– Au début, je me suis dit qu'on tenait le bon bout puisqu'il m'a déshabillée. Mais soudain, il s'est mis à me renifler le derrière, et ensuite, il a pissé tout autour du lit !

• Jane explique à Tarzan comment lui faire l'amour...

– Ce que tu as entre les jambes, lui explique-t-elle, c'est comme si c'était ton linge, et ce que j'ai entre les miennes, c'est la machine à laver. Tu mets ton linge dans la machine, tu le remues et, lorsqu'il est essoré, tu le retires !

Tarzan suit les conseils de Jane et « lave son linge » plusieurs fois par jours. N'en pouvant plus, Jane finit par lui demander

d'arrêter ses lessives pendant quatre ou cinq jours, le temps de réparer le tambour... Quinze jours plus tard, Tarzan n'a toujours pas relavé son linge. Jane s'en inquiète...
– Tarzan, tu n'as pas un peu de linge à laver ? La machine est libre, tu sais !
– Non. Tarzan faire maintenant linge à la main !

• **Un jeune paysan qui n'a jamais fait l'amour se marie.** Le soir de sa nuit de noces, il demande quelques conseils à son père...
– Ne t'inquiète pas ! lui répond ce dernier. Les choses se feront tout naturellement. Mais je resterai près de ta chambre, et si tu as un problème, tu me demandes !
Le jeune paysan rejoint alors sa femme dans la chambre. Celle-ci l'aguiche et commence un strip-tease... En sueur, le jeune marié ouvre la fenêtre. Sa femme s'approche de lui, il fait un pas en arrière et... tombe par la fenêtre ! Fort heureusement, il atterrit dans une fosse à purin. Il hurle alors :
– Papa !!! Je suis dans la merde !
Et son père répond en criant :
– Change de trou !!!

• **Un homme et une femme fêtent leur soixantième anniversaire de mariage.** Pour l'événement, le vieux couple décide de revivre sa nuit de noces. Il va dans le même hôtel, loue la même chambre et, tout en se déshabillant, la femme dit à son mari :
– Tu te souviens de ce que tu m'as dit lorsque je me suis mise nue devant toi pour la première fois, il y a soixante ans ?
– Oui, très bien ! Je t'ai dit : « Je vais te sucer les seins jusqu'à les rendre flasques et te défoncer les fesses jusqu'à les aplatir ! »
– Exactement... Et donc maintenant, que faut-il que tu me dises ? demande la femme.
– Eh bien, je te dis : mission accomplie !!!

• **Un jeune homme qui a une prothèse pour remplacer une jambe se marie.** Le couple n'a jamais fait l'amour et le marié n'a jamais avoué à sa compagne qu'il lui manquait une jambe. Le soir de leur nuit de noces, alors que la mariée s'apprête dans la salle de bain, le jeune homme retire sa prothèse et se glisse sous les draps. Quelques instants plus tard, la mariée vient le rejoindre dans le lit… Le marié lui dit alors :

– Il faut que je te révèle une chose dont je ne t'ai jamais parlé… Cela risque de te surprendre.

Le marié s'empare alors de la main de sa femme et la pose sur le moignon de sa cuisse…

– C'est une grosse surprise ! s'écrie la mariée. Ne bouge pas, je vais chercher la vaseline !

• **Une femme se rend au commissariat pour déclarer la disparition de son mari.**

– Quand l'avez-vous vu pour la dernière fois ? lui demande l'inspecteur.

– C'était il y a cinq jours.

– Et vous ne venez que maintenant ?

– Eh bien, jusqu'à présent, je pensais qu'il était encore aux toilettes à jouer à Candy Crush saga !

• **Un type déprime, un copain tente de le réconforter.**

– Si tu veux oublier un peu tous tes problèmes, fais comme moi : je ne me couche jamais avec mes soucis !

– Ah ? Tu crois que je ne dois plus dormir avec ma femme ?

• **Lors d'une réunion des Alcooliques anonymes, un homme raconte son histoire :**

– Tout a commencé le jour où j'ai perdu mon boulot. Nous avons dû quitter notre logement, puis ma femme m'a quitté. Je me suis retrouvé à la rue, j'ai commencé à boire, ma santé a décliné… Mais je vous le dis : on peut s'en sortir, j'ai déjà arrêté de boire !

– Expliquez-nous comment vous aviez arrêté, lui demande l'animateur.
– Un jour, quelqu'un m'a tendu la main en m'offrant un petit boulot. Petit à petit, j'ai pu me réintégrer, trouver de quoi me loger. J'ai pu me soigner, me refaire une santé morale et financière. J'avais totalement arrêté de boire !
– Que s'est-il ensuite passé ?
– Ma femme est revenue…

• **Une femme se plaint de douleurs aux genoux.** Le médecin lui fait passer tous les examens possibles mais aucun d'entre eux ne révèle quoi que ce soit. Il reçoit sa patiente et l'interroge :
– Nous n'avons rien trouvé aux examens. Dites-moi… Quand exactement avez-vous mal ?
Gênée, la femme avoue :
– Ben… Quand je fais l'amour.
– Quand vous faites l'amour ? Mais comment ?
– En levrette ! On fait l'amour tous les soirs en levrette !
Le médecin lui explique :
– Vous savez, il existe d'autres positions que celle-ci pour faire l'amour !
– Oui, répond la femme. Mais pas si vous regardez la télé en même temps !

• **Un homme se rend dans une pharmacie et demande :**
– Une boîte de préservatifs noirs, s'il vous plaît.
– Noirs ? Je suis désolée, lui répond la pharmacienne, nous n'en avons pas. Je peux vous proposer une autre couleur ?
– Non, j'ai promis à ma femme que je porterais son deuil jusqu'au bout.

• **Un homme descend se plaindre à la réception d'un hôtel :**
– Monsieur, ma femme voudrait se jeter par la fenêtre !
– Je suis désolé, monsieur, mais je ne m'occupe pas des problèmes personnels.

– Peut-être mais la fenêtre ne s'ouvre pas, et ça, c'est un problème de maintenance!

• **Un couple se rend dans un zoo.** Arrivé devant la cage d'un gorille, l'homme dit à sa femme:
– Montre-lui tes nichons!
– T'es bête ou quoi? répond la femme.
– Vas-y! Montre-lui tes nichons pour voir si ça l'excite!
– Bon… d'accord…
La femme regarde autour d'elle si personne ne passe… Elle relève ensuite son pull et montre ses seins au gorille, qui se met à sauter sur place. Cela fait rire le couple et le mari demande encore à sa femme:
– Allez… Montre-lui tes fesses!
– Tu as de ces idées, toi!
– Vas-y! On va rigoler! Je suis sûr que ça va l'exciter!
La femme baisse sa culotte, se retourne et relève sa jupe pour montrer son postérieur au gorille, qui se met à frapper des poings sur sa poitrine. Le couple éclate encore de rire. Le mari sollicite de nouveau sa femme:
– Montre-lui ton sexe!
La femme vérifie si personne ne peut les voir et montre son sexe au gorille surexcité. Il saute sur place, frappe sa poitrine, grogne, s'accroche aux barreaux de sa cage… À ce moment-là, le mari ouvre la porte de la cage et pousse sa femme dedans! Il referme la porte derrière elle et lui lance:
– Vas-y! Maintenant, essaye de lui expliquer que tu as une migraine!

• **Un homme demande à sa femme:**
– Par quel petit nom aimerais-tu que je t'appelle? Vodka, whisky ou tequila?
– Hein! Pourquoi des noms d'alcool?
– Parce que tu me saoules!!!

CHÉRI, TU M'AIMES ?
OUI !
JE N'OSE PAS TE LE DIRE MAIS J'AI UN PHANTASME !!
JE T'ÉCOUTE !
EST-CE QUE TU VOUDRAIS FAIRE L'AMOUR À 3 ?
MAIS OUI !! J'EN RÊVE !
ALORS, ATTENTION ! 1... 2...
?
HEIN ?! MAIS JE... NON !
CHAUVIN

• **Un couple se rend au cinéma en compagnie de son bébé.** Le guichetier le prévient :
– Si votre enfant pleure, vous devrez quitter la salle ! Mais ne vous inquiétez pas, on vous remboursera vos places.
Après trente minutes de projection la femme dit à son mari :
– Mais qu'est-ce qu'il est nul, ce film !
– Tu as raison, secoue le bébé !

• **Une femme se plaint auprès de son mari :**
– Il y a trente ans, quand nous nous sommes mariés, j'aimais bien quand tu me caressais le menton...
– Il y a trente ans, tu en avais un !

• **Une vieille femme sur le point de mourir est alitée chez elle.** Le docteur l'examine et demande à son mari :
– Elle râle depuis longtemps ?
Et il lui répond :
– Depuis que nous sommes mariés !

• **Un couple fête son anniversaire de mariage en compagnie de nombreux amis.** Tout au long de la soirée, l'homme appelle sa femme « mon amour », « ma chérie », « mon ange », « ma douce », « ma belle », etc. Un copain finit par lui dire :
– C'est génial, après vingt ans de mariage, d'aimer autant ta femme ! Tu ne l'appelles que par des petits noms tendres...
– Pour te dire la vérité, répond le mari, j'ai oublié comment elle s'appelle !

• **Un homme demande à sa femme :**
– Qu'est-ce que tu veux regarder à la télé, ce soir ?
– Je veux voir Top Chef !
– Pfff ! Ça te sert à quoi ? Depuis le temps que tu regardes, tu ne sais toujours pas cuisiner !
– Et toi ! répond sa femme, tu regardes bien des films de cul et tu ne sais toujours pas baiser !

• **Une femme demande à son mari :**
– Pourquoi tu te mets toujours à la fenêtre quand je chante ?
– Pour que les voisins ne pensent pas que je suis en train de t'égorger !

• **Un homme épouse une jeune vierge.** Pendant sa nuit de noces, l'homme est très excité à l'idée de dépuceler sa dulcinée. Il entame un strip-tease devant sa jeune épouse et, après avoir fait tomber son caleçon, lui dit :
– Tu vois, ça, c'est un pénis !
– Je sais… Une sorte de bite mais en plus petit !

• **Un couple se promène et passe près d'un puits.** L'homme s'en approche et y jette une pièce de monnaie tout en faisant un vœu.
– Tiens, voilà 1 euro ! dit-il en tendant une pièce à sa femme. Fais un vœu toi aussi !
La femme s'empare de la pièce, se penche au-dessus du puits pour l'y jeter mais glisse et tombe au fond du trou ! Le mari s'écrie alors :
– Ah ben, merde alors ! Ça a marché !

• **Au moment de se coucher, un homme tend un verre d'eau à sa femme avec un cachet d'aspirine.** La femme est interloquée :
– Mais pourquoi tu me donnes un cachet d'aspirine ? J'ai pas mal à la tête !
– Ah ! Super ! On va pouvoir baiser !

• **Assis sur le canapé, ticket en main, un mari et sa femme regardent le tirage du loto…** Et après avoir joué pendant plus de vingt ans toutes les semaines, ils voient enfin leur rêve se réaliser : ils ont les cinq numéros, plus le numéro chance ! Ils sont les seuls à remporter la super-cagnotte de 13 millions d'euros ! Fou de joie, le couple sort dans la rue pour hurler son bonheur à la face du monde. La femme traverse la route en

courant et… Splash ! Elle se fait écraser par un camion. Le mari regarde sa femme réduite en galette et s'écrie :
– Oh putain ! Quand une journée est bonne, elle est vraiment bonne !

• **Au petit déjeuner, une femme dit à son mari :**
– Cette nuit, pendant que tu dormais, tu n'as pas arrêté de m'insulter !
– Mais qui te dit que je dormais ?

• **Un couple vient juste de se marier.** La fête s'est déroulée à merveille et il est maintenant l'heure de rejoindre la chambre nuptiale. Ils sont enfin tous les deux seuls. Le mari dit à sa femme :
– Regarde, j'ai mis de côté une bouteille de champagne. On va pouvoir continuer la fête tous les deux !
La mariée lui répond :
– Non, merci, pas pour moi. Le docteur m'a dit d'éviter l'alcool avec les somnifères…

• **Une femme qui pratique le spiritisme tombe amoureuse d'un homme.** C'est leur première nuit d'amour… L'homme s'allonge sur la voyante et cette dernière lui dit :
– Je voudrais savoir si tu m'aimes. Un coup pour non, mille coups pour oui.

• **Un motard rentre chez lui tout fier de la nouvelle paire de bottes qu'il vient d'acheter.**
– Tu ne remarques pas quelque chose de nouveau sur moi ? demande le motard à sa femme.
– Non, pourquoi ?
Vexé, le motard part se déshabiller et revient à poil, uniquement chaussé de ses nouvelles bottes.
– Et maintenant ? Tu ne remarques rien de nouveau ?
– Bah non ! Elle pendait hier et elle pend encore aujourd'hui.

– Si elle pend, c'est parce qu'elle regarde mes nouvelles bottes !
– Alors t'aurais mieux fait de t'acheter un casque !

• **Une femme gravement malade consulte un guérisseur.** De retour à la maison, elle est heureuse d'annoncer à son mari :
– Il peut me guérir ! Si je fais l'amour tous les jours pendant un mois, je suis sauvée !
– Ah bon ? Dans ce cas, répond le mari, réserve-moi un vendredi soir…

• **Un homme demande à sa femme :**
– Je peux mettre mon sexe dans ton oreille ?
– Oui mais fais attention, je ne voudrais pas devenir sourde !
– Tu sais, ça fait des années que je te le mets dans la bouche et tu ne fermes toujours pas ta gueule !

• **Un couple a de grosses difficultés financières.** L'homme ne travaille pas et la femme ne gagne pas assez pour rembourser les emprunts contractés pour la maison, la télé HD, le scooter… Alors, pour s'en sortir, le mari décide de boire un peu plus et d'envoyer sa femme faire le tapin. Elle est récalcitrante mais il sait se faire écouter. De plus, comme le chien qu'il a dressé montre les crocs, elle part tapiner…
Le premier client arrive et lui demande combien elle prend pour faire l'amour. La femme qui n'en sait rien rentre chez elle demander à son mari, qui aboie : c'est 50 euros ! Elle repart voir le client qui cette fois lui demande combien elle prend pour une fellation. Comme elle ne sait pas, elle revient chez elle demander. Le chien (très bien dressé) lui dit : c'est 20 euros ! Elle repart rejoindre son client pour conclure l'affaire et l'aide à sortir son bazar. Et là, oh surprise ! Il a un engin énorme ! Du jamais-vu… La femme, qui n'en croit pas ses yeux, demande au client de bien vouloir patienter encore un petit peu et rentre chez elle demander :
– Dis, chéri, je peux t'emprunter 30 euros ?

• **Un homme s'assoit sur le canapé et demande à sa femme:**
– Qu'est-ce que je regarde à la télé, ce soir? Le match de foot ou un porno?
– Regarde un porno, tu sais jouer au foot…

• **Un homme se meurt du cancer et annonce à tous ses amis qu'il va mourir du sida.**
– Mais enfin, pourquoi dis-tu à tous tes amis que tu vas mourir du sida? lui demande sa femme.
– Pour qu'ils ne couchent pas avec toi après ma mort!

• **Un mari initie sa femme au golf.** Lorsque celle-ci, après plusieurs tentatives, réussit enfin son swing et parvient à frapper la balle, cette dernière finit malencontreusement sa course dans la fenêtre du club-house. Un homme sort alors en courant du club-house et se dirige vers le couple en criant:
– Merci! Merci! Oh, merci! Merci!
– Pourquoi nous remerciez-vous? demande le mari.
– Je suis un génie! J'étais retenu prisonnier de ce club-house et seul le bris d'un carreau pouvait me libérer! Je suis LIBRE!
– Un génie?!
– Oui! D'ailleurs, vous avez le droit de faire un vœu!
– N'importe quel vœu?
– Bien entendu, je l'exaucerai!
– Alors, je veux que vous créditiez mon compte en banque de 10 millions d'euros!
– Oh là là! C'est beaucoup! Je suis d'accord mais à une seule condition…
– Laquelle?
– Que vous me laissiez, pendant une heure, m'amuser un peu avec votre femme…
– Ça va pas, non?
– Je suis resté enfermé depuis si longtemps que je ne pense qu'à baiser! Si je n'arrive pas à me concentrer un peu, jamais je ne pourrai exaucer votre vœu!

– Si je comprends bien, je n'ai pas le choix. Très bien, j'accepte…
Le génie repart donc en compagnie de la femme dans le club-house. Une heure plus tard, le génie a soulagé son envie. Alors qu'il remonte sa braguette, il demande à la femme :
– Quel âge a-t-il ton mari ?
– Il a 40 ans. Pourquoi ?
– Et à 40 ans, il croit encore aux histoires de génie ?

Le bêtisier de la police

– Monsieur l'agent, je suis en panne…
– Circulez ou nous immobilisons votre véhicule !

•••

Police nationale ! Sortez les papiers du véhicule et votre permis de chasse*, s'il vous plaît.
* de conduire

•••

Bien, vous allez me souffler dans le tube…

•••

– Vous avez bu ?
– Un tout petit peu. J'ai droit à combien ?
– Le mieux, c'est de ne pas boire du tout. Sinon, pas plus d'un litre.

•••

Vous êtes passé au rouge, nous allons aussi vérifier si vous n'en avez pas bu…

•••

Coupez le jambon*, s'il vous plaît.
* le moteur

•••

– Vous rouliez à une vitesse excessivement lente, monsieur !
– Oui, pardon.
– Où alliez-vous ?
– Chez ma belle-mère…
– Ah… Bon alors, c'est bon, circulez. Et prenez votre temps !

•••

Votre avertisseur lumineux de changement de direction ne fonctionne pas.

•••

– Vous fumez, monsieur !
– Ah non, je ne fume pas !
– Et moi, je vous dis que vous fumez !
– Je ne fume pas. Le pot d'échappement peut-être, mais pas moi…
– Vous essayez de m'enfumer là, non ?

•••

– Vous êtes passé au rouge.
– Mais non, c'est pas vrai ! Je n'ai rien fait, monsieur l'agent !
– Quelle est votre profession ?
– Je suis dentiste.
– Ah ! Ne dit-on pas « menteur comme un arracheur de dents » ?

•••

Montrez-moi les pieds* du véhicule, s'il vous plaît.
* les papiers

•••

– Vous téléphoniez, monsieur ?
– Non, pas du tout !
– Ah bon ? Veuillez retirer votre oreillette, monsieur…
– Mais ce n'est pas une oreillette, c'est un appareil auditif !

•••

– 135 euros parce que je n'avais pas la ceinture ! Mais comment je vais faire à manger cette semaine ?
– Ben… Vous ferez ceinture !

•••

Vous avez le derrière défoncé, on vous a prise par-derrière ?

•••

Vous n'avez pas baissé les yeux* en croisant le véhicule en face.
* maintenu vos feux de route

• • •

L'amende forfaitaire est de 135 euros et l'amende menottée* de 90 euros.
* minorée

• • •

– Vous aurez un retrait de trois points.
– On se croirait à l'école !
– Vous feriez bien d'y retourner…
– Comment ça ?
– À l'école de conduite !

• • •

– Vous savez pourquoi je vous arrête ?
– J'ai coupé le virage ?
– Non, vous avez franchi une ligne continue dans la courbe.

• • •

Non monsieur, c'est un refus de propreté* caractérisé !
* priorité

• • •

Vous avez le derrière qui fume !

• • •

– Vous avez flashé sur moi ?
– Non, uniquement votre véhicule…

• • •

– Vous n'avez pas marqué le stop.
– Vous avez des témoins ?
– Un agent de police, ça vous suffit ?

•••

– Faut que je siffle ?
– Non, je crois que vous en avez assez sifflé, il faut souffler !

•••

Vous avez emprunté le sens migratoire* à l'envers.
* giratoire

•••

– Descendez du véhicule et suivez-moi en marche arrière.
– Vous rouliez tous phares éteints !
– J'avais le plafonnier allumé.
– Mais quelle bonne idée ! C'est que vous êtes une lumière, vous !

•••

Vous prenez le tube et vous choufflez dedans.

•••

– Elle consomme combien votre voiture ?
– 5 ou 6 litres au 100.
– Vous vous rendez compte que vous consommez plus qu'elle ?

•••

– Non, n'aspirez pas ! Il faut souffler…
– Pardon, j'suis blonde.
– J'avais remarqué, c'est moi qui suis désolé…

•••

– Vous m'avez arrêtée parce que je suis blonde et jolie ?
– Seulement parce que vous êtes blonde et que vous avez oublié de fermer votre coffre…

Ces chères têtes blondes

• **Un père annonce à son fils de 5 ans que la famille va bientôt s'agrandir…**
– Dans quelques mois, lui explique-t-il, une cigogne va passer au-dessus de la maison et sais-tu ce qu'elle va nous amener ?… Un petit frère ou une petite sœur !
– Bah… Je te conseille de prévenir maman, parce que tu sais quoi ?… Elle est enceinte !

• **Une maman demande à sa fille de 6 ans :**
– Va faire tes devoirs !
– J'peux pas, je suis en période !
– Qu'est-ce que tu dis ? Va faire tes devoirs, s'il te plaît !
– Non, je suis en période !
– Mais qu'est-ce que ça veut dire « je suis en période » ?
– J'sais pas… C'est ce que dit la nounou quand papa l'embête.

• **Un petit garçon se brosse les dents avant d'aller au lit.** Il entend l'orage gronder dehors et cela l'effraie un peu. Il fait une suggestion à sa maman :
– Est-ce que je peux dormir avec toi, maman ?
La maman le prend tendrement dans ses bras et lui dit :
– Tu sais bien que maman ne peut pas. Maman dort toujours avec papa.
L'enfant fait une moue triste et dit :
– C'est vraiment un gros bébé, papa !

• **Un enfant dont la maman est enceinte demande à cette dernière :**
– Pourquoi tu as un gros ventre ?
– Parce que dedans, tu as un petit frère ou une petite sœur…
– Et tu l'as avalé comment ?

• **Un grand-père promène son petit garçon.** Au détour d'une rue, le petit voit deux chiens en train de copuler. Il demande à son grand-père :

– Papy! Pourquoi ils font ça, les chiens?
Gêné, le papy imagine une réponse plus ou moins plausible:
– Disons que... Il y a un chien qui s'est cassé les quatre pattes! Alors l'autre, il essaye de le porter sur son dos!
– Ah bon? Et tu crois que c'est pour le remercier qu'il l'encule?

• **Un enfant, qui a surpris ses parents en train de faire l'amour, attend le petit déjeuner pour leur demander:**
– Vous pouvez m'expliquer quelque chose?
– Oui, répond la maman.
– Pourquoi c'est toi qui suces et papa qui dit que c'est bon?

• **Une petite fille demande à sa mamie:**
– T'as quel âge, toi?
– Ouuuh! Je suis tellement vieille que je ne sais même plus mon âge!
Et la petite fille lui conseille:
– Ben... Pourquoi tu ne regardes pas dans ta culotte? Moi, y'a écrit 6 ans!

• **Dans la galerie marchande d'un grand centre commercial, les enfants se font photographier avec le Père Noël.** Une petite fille s'installe à ses côtés et le Père Noël lui demande:
– Alors? Qu'est-ce que tu veux pour Noël?
Et la petite fille lui répond:
– T'as même pas reçu mon mail?

• **Un enfant demande à sa maman:**
– Est-ce que le cœur a des jambes?
– Bien sûr que non, pourquoi?
– Parce que j'ai entendu papa dire dans la chambre: « Écarte tes jambes, mon cœur! »

• **Une maman est enceinte d'un second enfant.** Sa fille de 4 ans la questionne:

– Est-ce que c'est un petit frère ou une petite sœur que je vais avoir ?
La maman lui explique :
– Le docteur va faire une photo et on pourra voir ce que c'est. Sauf s'il est mal placé !
– Et s'il a remis sa culotte ! ajoute la petite fille.

• **Un garçon de 7 ans va voir une petite fille du même âge dans la cour de récréation et lui dit timidement :**
– Je suis amoureux de toi… C'est la première fois que je dis ça à une fille !
– Pffff ! fait la petite fille. Je n'ai pas de chance, je tombe toujours sur des puceaux !

• **Dans une église, un petit garçon tend un bouquet de fleurs à sa maman.** Celle-ci s'étonne :
– Mais ? Où as-tu pris ce bouquet ?
– Devant la Vierge, maman. T'inquiète pas, personne m'a vu !
– Et le bon Dieu ?
– Et merde… Je l'avais oublié celui-là !

• **À table, deux enfants regardent avec suspicion le plat de lapin que la maman vient de déposer sur la table…**
– C'est quoi ? demandent-ils.
– Taisez-vous et mangez ! dit leur mère en les servant.
Les enfants commencent à manger prudemment… L'un d'eux redemande à son père :
– C'est quoi ?
– Tu aimes ?
– Bof ! Mais c'est quoi ?
– Je vais te faire deviner ! dit le papa. Ta maman m'appelle comme ça…
L'autre enfant se met alors à cracher dans son assiette et hurle à son frère :
– Crache ! Crache ! C'est du trou du cul !

• **Dans un train, une petite fille s'assoit à côté d'un monsieur.**
– C'est quoi, votre métier? lui demande-t-elle.
– Je suis ingénieur.
– C'est quoi un ingénieur?
L'homme commence déjà à être saoulé par les questions de l'enfant et lui répond sèchement:
– À moins que vous ne souhaitiez me parler de physique nucléaire, je crains que votre conversation n'ait point d'intérêt pour moi.
– Tu sais, poursuit la petite fille, le chevreuil, la vache et le cheval mangent tous de l'herbe! Mais le chevreuil, il fait de petites crottes, la vache des grosses bouses molles et le cheval des crottins verts. Tu sais pourquoi?
– Non, je ne sais pas!
– Alors pourquoi veux-tu me parler de physique nucléaire, tu n'es même pas capable de résoudre un problème de merde!

• **Un représentant de commerce en déplacement téléphone chez lui.** C'est son petit garçon qui décroche.
– Tu peux me passer maman, s'il te plaît?
– Je peux pas, elle est au lit…
– Elle est malade?
– Oui, le monsieur est venu la voir.
– Le docteur est venu?
– Non, c'est un monsieur qui est malade aussi parce qu'il s'est couché avec maman!

• **Dans un grand magasin, au moment des soldes, une femme vêtue uniquement d'un chemisier et d'une petite culotte blanche arrive en courant à la caisse.** Tout le monde se retourne et dévisage l'exhibitionniste. La femme demande à la caissière:
– On ne vous aurait pas rapporté une jupe avec deux enfants accrochés après?

• **Deux enfants sont assis côte à côte dans la salle d'attente du médecin.** Leurs mamans respectives sont occupées à parler. Soudain, le petit Kévin fond en larmes. Son copain Antoine, étonné de voir son copain d'habitude si courageux pleurer, lui demande :
– Mais qu'est-ce que t'as ?
– Je viens pour une analyse de sang…
– Et alors ? C'est pas grave, lui répond Antoine.
– Ouais… mais il paraît que le docteur va me couper le bout du doigt pour l'examen !
Et c'est au tour d'Antoine de s'effondrer en larmes…
– Mince… Je ne voulais pas te faire pleurer, lui dit Kévin. Toi aussi, tu as peur ?
– C'est que moi, je viens pour une analyse d'urine ! lui répond Antoine.

• **Une petite fille d'une école catholique suce une sucette dans la cour de récréation.** Une sœur s'en aperçoit et s'approche discrètement de la petite pour la prendre sur le fait. Arrivée derrière elle sans qu'elle s'en aperçoive, elle attrape la fille par le nez et le lui pince jusqu'à ce qu'elle ouvre la bouche et lâche la sucette ! La sœur la gronde :
– Tu sais, quand on fait des choses interdites, comme sucer des sucettes dans l'école, on ne va pas au paradis !
Et la petite lui répond :
– Tu sais, quand on a les doigts qui sentent le sperme, on n'y va pas non plus…

Dieu et ses disciples

• **En se rendant dans une église, un jeune homme est intrigué par une vieille porte en bois dissimulée derrière une tenture.** Il s'adresse au curé pour lui demander :
– Qu'y a-t-il derrière cette porte ?
– Pour le savoir, lui répond-il, il faut devenir prêtre…
Le jeune homme quitte alors l'église mais cette porte devient son obsession… Quelques années plus tard, le jeune homme est devenu prêtre et décide de revenir enfin dans cette église percer le mystère qui le tourmente depuis tant de temps. Le curé lui tend alors la clef qui ouvre la mystérieuse porte… Le jeune prêtre l'ouvre et découvre derrière une autre porte !
– Qu'y a-t-il derrière cette porte ?
Le curé lui tend une autre clef… Le jeune prêtre l'ouvre et découvre encore une autre porte ! Et ainsi de suite, le jeune prêtre ouvrira treize portes avant de découvrir un petit coffre en bois. Le curé tend une nouvelle clef au jeune prêtre afin qu'il ouvre le précieux coffre et… Savez-vous ce que ce coffre contenait ? Eh bien… il faut devenir prêtre pour le savoir !!!

• **Un juif est sur son lit de mort…**
– Ma femme adorée, tu es là ?
– Oui, je suis auprès de toi.
– Mon fils adoré, tu es là ?
– Oui, je suis là, papa.
– Ma fille adorée, tu es là ?
– Oui papa, je suis là.
– Alors… Qui a oublié d'éteindre la lumière dans la cuisine ?!

• **Qu'est-il arrivé à Ève après qu'elle a croqué la pomme ?**
Elle a eu des pépins…

• **Jésus veut prendre un bain.** Il se déshabille, entre dans la baignoire et… reste assis sur l'eau. Jésus lève alors les yeux au ciel et dit :
– Papa ! Laisse-moi me baigner…

• **Qu'est-ce qu'un dilemme pour un juif?**
Une tranche de jambon gratuite.

• **Un homme qui porte une tunique blanche et une longue barbe entre dans un café…**
– Êtes-vous Jésus? lui demande un Anglais en fauteuil roulant.
– Oui, je suis ressuscité.
– Oh, my God! Pouvez-vous me guérir?
Jésus le touche et l'homme se lève de son fauteuil…
– Pouvez-vous me guérir? dit à son tour un Espagnol. Je suis non-voyant!
Jésus touche alors l'Espagnol qui recouvre instantanément la vue! Jésus s'approche alors d'une table où un Français consomme une bière. Ce dernier le menace:
– Toi, tu t'approches pas, tu ne me touches pas! J'suis en arrêt maladie!

• **Qu'est-ce qu'un génie?**
Un bon étudiant dont la mère est juive.

• **Jésus s'adresse à la foule et dit à propos de Marie-Madeleine la pécheresse:**
– Que celui qui n'a jamais péché lui jette la première pierre!
À ce moment-là, Marie-Madeleine se prend un gros pavé dans la figure. Et Jésus dit:
– T'exagères pas un petit peu, maman?

• **Un juif dit à un autre juif:**
– Tu as 100 euros sur toi?
– Où ça? Où ça? Où ça?

• **Un automobiliste se rend dans une ferme et demande au paysan:**
– Vous aviez une vache noire?
– Non, je n'ai pas de vache noire.

– Un cheval noir, peut-être ?
– Non plus.
– Alors je crois bien que j'ai écrasé le curé…

• **Jésus a presque 30 ans et n'a toujours pas connu l'amour.** Sa mère, Marie, désespère d'avoir un jour des petits-enfants et décide d'accélérer les choses. Elle va voire Salomé, une disciple de Jésus, et lui demande d'aller le trouver dans sa couche pour le dévergonder. Salomé rejoint Jésus sur sa paillasse et se couche à ses côtés… Mais quelques minutes plus tard, Salomé s'enfuit en hurlant ! Marie va voir son fils…
– Que s'est-il passé, Jésus ?
– Salomé est venue me rejoindre. Elle s'est allongée près de moi et a posé sa main sur mon genou. Alors moi, j'ai fait pareil !
– Et puis ?
– Elle m'a caressé en remontant le long de ma cuisse, alors moi, j'ai fait de même sur la sienne.
– Et ensuite ?
– Elle a pris mon sexe dans sa main. J'ai voulu faire pareil mais elle n'en avait pas : elle avait été amputée ! Alors moi, j'ai guéri sa blessure !

• **Un juif demande à un autre juif :**
– Tu peux me prêter 100 euros ? Mais surtout, ne m'en donne que 50.
– Et pourquoi seulement 50 sur les 100 ?
– Parce que tu me devras 50 euros, que je te devrai aussi 50 euros, et que comme ça nous serons quittes !

• **Pourquoi Jésus ne peut-il pas mettre de suppositoire ?**
Parce que les voies du Seigneur sont impénétrables !

• **Pourquoi Jésus a-t-il été tué par un chat ?**
Parce que c'est écrit dans la Bible ! Il est « descendu par minou ».

• **Quelles furent les dernières paroles du Christ ?**
– Vite ! Faites quelque chose pour que ça tienne, je glisse !

• **Un touriste visite Israël et souhaite louer une petite embarcation pour voguer sur le lac de Tibériade.**
– C'est 1 500 shekels la demi-heure ! lui répond le loueur.
– Quoi ! 1 500 shekels pour ça ?
– Quand même, monsieur, c'est le lac que Jésus a traversé à pied !
– Oui ben… Rien d'étonnant à cela, avec des tarifs pareils !

• **Un curé se plaint auprès de l'un de ses collègues :**
– Je ne sais plus quoi faire ! Les pigeons sont entrés dans mon église. Ils nichent un peu partout et les fientes tombent sur les paroissiens !
– Je sais, j'ai eu le même problème il y a quelques années, lui répond l'autre curé. Heureusement, je suis parvenu à m'en débarrasser !
– Comment as-tu fait ?
– Je les ai baptisés et ne les ai plus jamais revus à l'église !

• **Un jeune homme qui aspire à devenir prêtre passe toutes ses vacances dans un monastère où il rencontre son mentor, un vieil abbé considéré comme le sage parmi les sages.** Le jeune homme demande à l'abbé :
– En parcourant un ouvrage religieux, j'ai lu un texte qui expliquait la différence entre une perle et une femme. Tout cela m'a semblé très confus. Pouvez-vous m'enseigner la différence entre les deux ?
L'abbé lui répond :
– C'est très simple, mon fils. Une perle, tu peux l'enfiler des deux côtés, alors qu'une femme, seulement d'un côté.
Le jeune homme, surpris, réagit et s'inscrit en faux :
– Mais, sans vous offenser, l'abbé, je crois savoir que certaines femmes aiment se faire enfiler des deux côtés ?

L'abbé lui fait un clin d'œil et lui dit :
– Oui, mais ce ne sont pas des femmes, ce sont des perles…

• **Une femme qui ne parvient pas à avoir d'enfant se confie à un prêtre.** Ce dernier la conseille :
– La semaine prochaine, il y a un car qui part pour Lourdes. Allez-y !
Trois ans plus tard, la femme revient voir le prêtre et lui raconte :
– Il y a quelques années, mon mari et moi ne parvenions pas à avoir un enfant. Vous m'aviez conseillé le car pour Lourdes et neuf mois plus tard… j'ai accouché d'un magnifique garçon !
– C'est un miracle ! Vous m'en voyez ravi !
– Le problème, poursuit-elle, c'est que nous souhaiterions avoir un autre enfant mais… ça ne fonctionne toujours pas.
– Eh bien, reprenez le car pour Lourdes ! rétorque le curé.
– Oui, mais… savez-vous si ce sera le même chauffeur ?

• **Comme chaque année, une grande kermesse est organisée au couvent Saint-Thomas.** Une bonne sœur tire les numéros de tombola :
– Le numéro 212 se voit attribuer notre troisième lot !
Un homme bondit de joie :
– Ouais !!! Ma sœur, qu'est-ce que j'ai gagné ? Hein ? Dites-moi ce que j'ai gagné !
– Le troisième lot… correspond à une Ferrari dernier cri ! lui répond la sœur.
Et l'homme repart, fou de joie, au volant de sa Ferrari.
Le suspense reprend, c'est au tour du prochain lot d'être tiré, la sœur pioche un nouveau papier :
– Le numéro 48 se voit attribuer le deuxième lot !
Un type ne cache pas son enthousiasme :
– Yes ! Qu'est-ce que j'ai gagné ? Hein ? Qu'est-ce que j'ai gagné ?
– Le deuxième lot est… une tarte aux fraises !

– Mais c'est quoi cette arnaque ? Le troisième lot est une Ferrari et le deuxième lot, une pauvre tarte ? Vous vous êtes trompée ou quoi ?
– Mon Dieu ! Gardez votre sang-froid, monsieur. Sachez que cette tarte aux fraises a été cuisinée par la mère supérieure.
Le type, furieux, lâche :
– Je m'en fous de la mère supérieure ! La mère supérieure, je la prends, je la retourne et je l'encule !
Sur ce, la sœur lui répond :
– Ah, non ! Ça, c'est le premier lot…

• **Quelle différence y a-t-il entre un Arabe du Caire et un juif à Paris ?**
L'Arabe du Caire est antisémite et le juif de Paris est antiquaire.

• **Pour la première fois, dans le but de récolter de l'argent pour des enfants malades, un prêtre participe à jeu télévisé.**
Le prêtre répond facilement aux premières questions et a déjà empoché la somme de 10 000 euros. L'animateur pose la question suivante :
– Pour 20 000 euros… Que signifie « faire un 69 » ?
Le curé a beau réfléchir, il ne sait pas, et finit par dire :
– Ma langue au chat !
– Excellente réponse ! dit l'animateur. Passons maintenant à la question suivante. Vous avez de la chance, c'est une question de religion… Pour 50 000 euros, qu'a dit Ève en se mirant pour la première fois dans le reflet d'une rivière ?
Le prêtre n'en sait strictement rien…
– Je ne sais pas… J'ai un trou.
– Excellente réponse ! Et maintenant, la question que tout le monde attend, la question à… 100 000 euros ! Je vous rappelle les règles du jeu : soit vous partez maintenant avec 50 000 euros, soit vous tentez les 100 000. Mais si vous ne répondez pas correctement, vous ne gagnez que 500 euros. Alors, quelle est votre décision ?

– Les enfants malades ont vraiment besoin de cet argent, j'ai eu de la chance jusqu'à présent, je continue!
– Félicitations! Et j'ai une bonne nouvelle pour vous: c'est vraiment votre jour de chance, car c'est encore une question de religion! Voici la question: pour 100 000 euros… Qu'a dit Adam lorsque Ève lui a annoncé qu'elle était enceinte?
Le prêtre réfléchit longuement mais le temps imparti est dépassé, il doit donner une réponse… Déçu, il avoue à l'animateur:
– J'aurais dû me retirer plus tôt…
– C'est une excellente réponse!!!

• **Un moine se rend dans une maison de passe.** Il se déshabille et la prostituée ne peut s'empêcher de dire:
– Mais? Vous avez une toute petite bite?
– Oui, mais… la bite ne fait pas le moine!

• **Sur sa croix, Jésus dit:**
– Père, pardonne-leur, ils ne savent pas ce qu'ils font!
Les disciples le regardent et s'exclament:
– Quoi?!
Jésus continue…
– Père, entre tes mains je remets mon esprit!
Les disciples se regardent et disent:
– Mais il délire ou quoi?
Jésus s'adresse alors directement à ses disciples et leur lance:
– $f(x) = ax^2 + bx + c$!
Les disciples interloqués demandent à Jésus:
– Mais qu'est-ce que tu dis?
– C'est bien ce que je craignais, vous ne comprenez pas la parabole…

• **Un père juif demande à son fils:**
– Sais-tu qui était Moïse?
– Oui, papa! Un imbécile!

– Comment oses-tu dire cela?
– Parce que lorsqu'il a traversé la mer Rouge, il a tourné à gauche. Alors que s'il était allé à droite, on aurait eu tout le pétrole!

• **Dans un café du Sentier où se trouvent de nombreux juifs, un homme entre et demande au barman:**
– Un gin!
Tous les clients du bar se retournent vers l'homme et lui disent:
– Quelle taille?

• **Lors d'un mariage juif, le père de la mariée a égaré son portefeuille.** Il se dirige vers l'estrade et prend le micro pour faire une annonce:
– Votre attention, s'il vous plaît! J'ai fait tomber mon portefeuille dans lequel il y avait 5 000 euros en liquide pour la dot. J'offre 100 euros à la personne qui le retrouvera!
Un homme dans l'assistance se lève et dit:
– J'en offre 150!

• **Un curé et un rabbin vont dîner au restaurant.** Le curé dit au rabbin:
– J'ai un truc pour partir sans payer…
– Vous faites cela?
– L'Église catholique est tellement pauvre… C'est très simple: je mange et j'attends que mon serveur ait terminé son service. Lorsqu'il est enfin parti, je dis à un de ses collègues que j'ai déjà réglé à celui qui vient de partir!
– C'est un bon truc, ça! On essaye?
– D'accord…
Le curé et le rabbin s'en mettent donc plein la panse et attendent patiemment que le serveur s'en aille. Un moment plus tard un de ses collègues vient leur apporter l'addition. Le curé lui dit:

– Il doit y avoir une erreur, on a déjà réglé à votre collègue juste avant qu'il ne parte!
– Oui! ajoute le rabbin. Et d'ailleurs, on attend toujours notre monnaie!

• **Un petit juif demande à son papa:**
– Papa, je suis juif ou arabe?
– Un peu des deux, mon fils. Je suis juif et ta mère est arabe, donc un peu des deux… Pourquoi?
– Parce qu'il y a une mobylette en bas de l'immeuble et j'hésite entre la voler ou la vendre…

• **Quelle différence y-a-t-il entre un fourreur juif et un psychanalyste juif?**
Une génération.

• **Un juif accroche une affiche sur la vitrine de sa boutique: « 30 % de remise à l'intérieur ».** Son voisin, un autre commerçant juif, voit l'affiche et décide de faire encore mieux. Sur sa vitrine il colle une affiche sur laquelle il écrit: « 40 % de remise sur tout le magasin ». Un troisième commerçant juif remarque les deux affiches… Sur la porte de sa boutique, il colle une affiche sur laquelle il inscrit: « Entrée principale » !

• **Une jeune fille va se confesser.**
– Mon père, j'ai commis un horrible péché.
– Je vous écoute, ma fille.
– J'ai un petit copain. Hier soir, mes parents sont sortis. Alors, je l'ai invité à la maison…
– Que s'est-il passé?
– Il m'a embrassée.
– Est-ce tout?
– Non. Il m'a demandé de me déshabiller.
– Vous l'avez fait?
– Oui. J'étais toute nue et il m'a allongée sur le lit.

– Et ensuite ?
– Il a écarté mes jambes.
– Et ?
– Il a sorti son sexe.
– Et puis ?
– Ma mère est entrée soudainement dans la chambre.
– Et merde !!!

• **Dans le confessionnal, un homme dit au prêtre :**
– Mon père, je suis amoureux d'elle…
– Alors épouse-la, mon fils.
– J'ose pas lui demander…
– Ose, mon fils !
– Oui, mais je ne suis pas certain de l'aimer.
– Alors ne dis rien, mon fils.
– Pourtant, il me semble bien l'aimer…
– Alors, dis-le-lui !
– Oui, mais je n'ose pas…
– Ose, mon fils !
– Et si je ne l'aimais pas ?
– Il faut te convertir à la religion juive, mon fils…
– Me convertir ?
– Oui ! Comme ça, tu ne m'emmerderas plus et tu iras voir le rabbin !

• **Un homme pénètre dans le confessionnal :**
– Mon père, je dois me confesser.
– Je t'écoute, mon fils…
– Cette nuit, j'ai fait l'amour dix fois à ma femme !
– Vous êtes mariés, il n'y pas de péché à cela ?
– Oui, mais dix fois, faut bien que je le dise à quelqu'un !

• **Pourquoi a-t-on cloué Jésus sur la croix ?**
Pour qu'il tienne !

• **Que font les djihadistes à ceux qui refusent de se laisser pousser la barbe?**
Ils leur coupent l'appétit.
Et comment?
En jetant des lames de rasoir dans leur soupe!

• **On dit parfois que les professeurs ne sont pas des dieux et que leurs élèves ne sont pas des saints.** Il y a près de 2 000 ans déjà, Jésus avait réuni ses disciples sur la montagne et s'était adressé à eux:
– Bienheureux les pauvres en esprit, car le royaume des cieux leur appartient! Bienheureux les doux, car ils posséderont la terre…
Jésus remarque que ses disciples le regardent béatement. Il les interroge:
– Qu'y a-t-il?
– Est-ce qu'on doit prendre des notes? demande Pierre.
– Faites comme vous voulez, note ou grave dans la pierre, Pierre, cela m'est égal.
Et Jésus poursuit:
– Bienheureux ceux qui pleurent, car ils seront consolés. Bienheu…
Paul l'interrompt:
– Faudra se souvenir de tout?
Jésus reprend…
– Bienheureux ceux qui ont faim et soif, car ils seront rassasiés. Bien…
Marc lui demande:
– Y'a un « x » à la fin de bienheureux ou pas?
Jésus continue…
– Bienheureux les miséricordieux, car…
– Holà! fait Marc, s'il y a des mots trop compliqués… Moins vite, s'il te plaît!

– … car ils trouveront miséricorde. Bienheureux les cœurs purs, car ils verront Dieu. Bienheureux les pacifiques, parce que qu'ils seront appelés…
– Et pourquoi les autres disciples ne doivent-ils pas l'apprendre, eux aussi ? demande Jean.
Jésus poursuit :
– … enfants de Dieu. Bienheureux ceux qui souffrent de persécution pour l'amour…
– Il y aura un examen à la fin de l'année ? demande Mathieu.
– … de la justice, car le royaume des cieux leur appartient.
– Jésus ! crie Pierre. Mon crayon, y marche plus !
Et Jésus éclata en sanglots…

• **Dans un couvent, deux religieuses croisent leur mère supérieure.** Cette dernière semble de très mauvaise humeur et ne leur adresse même pas la parole ! L'une des deux sœurs dit alors à l'autre :
– Mère supérieure a dû se lever du pied gauche, ce matin !
– Je ne sais pas si elle s'est levée du pied gauche, lui répond l'autre, mais une chose est certaine : elle s'est levée du mauvais côté du lit !
– Ah, bon ? Comment ça ?
– Elle s'est trompée de côté parce qu'elle porte les chaussures du père François !

• **Une bonne sœur visite Paris.** En passant par la rue Saint-Denis, elle demande à une femme qui est en fait une prostituée :
– Pourquoi y a-t-il autant de monde, ici ?
– Parce qu'il y a une distribution de sucettes au bout de la rue ! lui répond la prostituée.
La sœur se dirige donc naïvement jusqu'au bout de la rue mais arrive malheureusement au moment où la police fait une rafle. Elle est embarquée avec tous les autres dans une estafette. Au commissariat, un policier lui demande :

– Et toi ? C'est quoi ta spécialité ? Le déguisement ?
– Je suis sœur Marie-Thérèse, mon fils.
– Ah, oui ? Et qu'est-ce que tu faisais au bout de la rue ?
– Je suis peut-être vieille, monsieur le policier, mais sachez que même si je n'ai plus de dents, je peux encore en sucer quelques-unes !

• **Une mère juive rencontre une autre mère juive.**
– Aïe ! Aïe ! Aïe ! Mon fils, il m'a annoncé deux nouvelles d'un coup ! Mon cœur, tellement il battait fort, il a failli sortir de ma poitrine !
– Qu'est-ce qu'il t'a dit ? Dis-moi !
– Mon fils, il m'a dit une nouvelle, qu'elle est très mauvaise ! Et une autre nouvelle, qu'elle est très bonne !
– Vas-y, dis-moi !
– La mauvaise nouvelle, il m'a dit qu'il était homo !
– Aïe ! Aïe ! Aïe ! Et la bonne ?
– La bonne nouvelle, il m'a dit qu'il sortait avec un médecin !

• **Dans un grand magasin, un juif se baisse et ramasse quelque chose.** Lorsqu'il se redresse, il crie :
– Quelqu'un aurait-il perdu une liasse de billets avec un élastique autour ?
Une personne arrive en courant et hurle :
– Oui ! Oui ! C'est à moi ! Ouf ! Merci ! Je la cherchais partout ! Merci. Ouf !
– Je vous en prie, tenez ! J'ai retrouvé l'élastique…

Mots d'esprit

• « Cette fille a un si beau cul qu'il mériterait d'être devant. »
César

• « Elle est d'une intelligence exaspérante, mais d'une laideur bien consolante. »
Daphné Du Maurier

• « Le mot "con" appartient à la langue française et à elle seule. Aucune langue étrangère ne peut se flatter de posséder un mot tout à fait équivalent au mot "con". Cette carence grammaticale est d'autant plus surprenante que, nous le savons depuis toujours, tous les étrangers sont des cons. »
Pierre Desproges

• « Si Adam avait été homosexuel, personne ne serait là pour le dire. »
Oscar Wilde

• « L'amour… il y a ceux qui en parlent et ceux qui le font. À partir de quoi il m'apparaît urgent de me taire. »
Pierre Desproges

• « Aucun cheval de course n'est capable de filer aussi vite que l'argent qu'on a misé sur lui. »
Coluche

• « Avec un escalier prévu pour la montée on réussit souvent à monter plus bas qu'on ne serait descendu avec un escalier prévu pour la descente. »
Jacques Rouxel

• « Beaucoup trop payé pour ce que je fais, mais pas assez pour ce que je m'emmerde. »
Daniel Pennac

• « À l'école, en algèbre, j'étais du genre Einstein. Mais plutôt Franck qu'Albert… »
Philippe Geluck

• « C'est déjà assez triste de n'avoir rien à dire. Si, en plus, il fallait se taire ! »
Philippe Bouvard

• « Ce monde serait meilleur pour les enfants si c'était les parents qui étaient obligés de manger les épinards. »
Groucho Marx

• « Je ne vois aucun inconvénient à fermer les yeux sur votre erreur, vous dit toujours l'aveugle. »
Laurent Gaulet

• « C'est pas la peine d'acheter un nouveau matelas si le crédit que vous avez pris pour le payer vous empêche de dormir. »
Patrick Sébastien

• « C'est pour satisfaire les sens qu'on fait l'amour ; et c'est pour l'essence qu'on fait la guerre. »
Raymond Devos

• « C'est très excitant de faire l'amour dans l'eau, encore faut-il trouver un poisson qui veuille. »
Patrick Sébastien

• « Ceux qui n'aiment pas les plaisanteries en dessous de la ceinture n'ont qu'à acheter des bretelles. »
Jean Yanne

• « Ceux qui ne savent pas à quoi penser font ce qu'ils peuvent, toutefois et néanmoins, pour essayer de penser à autre chose que ce à quoi ils ne pensent pas. »
Pierre Dac

• « Comité : un groupe de personnes incapables de faire quoi que ce soit par elles-mêmes qui décident collectivement que rien ne peut être fait ! »
Winston Churchill

• « Contrairement à ce que pensent les hommes, l'orifice que les femmes ont le plus de plaisir à se voir remplir, c'est le dernier trou de leur ceinture. »
Patrick Sébastien

• « Dans la moitié des couples d'aujourd'hui, c'est l'homme qui s'occupe des enfants et l'autre homme qui va travailler. »
Jean Yanne

• « Déjà, les femmes au volant je suis d'accord… Faut bien vendre des bagnoles, c'est quand même la moitié de la population ! »
Pierre Bénichou

• « Dieu, en créant l'homme, a quelque peu surestimé ses capacités. »
Oscar Wilde

• « Ceux qui ne savent rien en savent toujours autant que ceux qui n'en savent pas plus qu'eux. »
Pierre Dac

• « Elles croient volontiers que parce qu'elles ont fait le contraire de ce qu'on leur demandait, elles ont pris une initiative. »
Sacha Guitry

• « En matière d'amour physique, les textiles gênent plus que les principes. »
Philippe Bouvard

• « En France, on compte tellement de grandes gueules et de petits trous du cul que l'on devra bientôt passer par la bouche pour retirer les prostates ! »
Laurent Gaulet

• « Et Jean tua Madeleine… Ce fut à peu près vers cette époque que Madeleine perdit l'habitude de tromper Jean. »
Alphonse Allais

• « Être dur de la feuille n'empêche pas pour autant d'être mou de la branche et réciproquement. »
Pierre Dac

• « Il est bon de lire entre les lignes, ça fatigue moins les yeux… »
Sacha Guitry

• « Il était normand par sa mère et breton par un ami de son père. »
Alphonse Allais

• « Il faut tendre la main à ses amis sans fermer les doigts. »
Diogène

• « Il y a des choses qu'on a parfois peine à croire : le type qui a inventé le code de la route n'avait même pas son permis… »
Philippe Geluck

• « Il y a des femmes qui trouvent à se vendre et qui ne trouveraient pas à se donner ! »
Nicolas de Chamfort

• « J'ai connu une femme qui voulait divorcer pour ne pas rester l'épouse d'un mari trompé. »
Georges Courteline

• « Je bois pour rendre les autres plus intéressants. »
George Jean Nathan

• « Je crois à l'immortalité et pourtant je crains bien de mourir avant de la connaître. »
Raymond Devos

• « Je lègue tous mes biens à mon épouse, à condition qu'elle se remarie. Ainsi, il y aura tout de même un homme qui regrettera ma mort. »
Paul Scarron

• « Je me cite souvent, cela apporte du piment à ma conversation. »
George Bernard Shaw

• « Je ne crois pas beaucoup à la loi de la pesanteur, il est en effet plus facile de lever une femme que de la laisser tomber. »
Georges Courteline

• « Je rappelle qu'aux échecs, si la victoire est brillante, l'échec est mat! »
Coluche

• « Je sais que je suis paranoïaque, mais ce n'est pas parce que je suis paranoïaque qu'ils ne sont pas tous après moi. »
Pierre Desproges

• « Je vais vous raconter une histoire terrible de contraception orale. J'ai demandé à une fille de coucher avec moi et elle m'a dit non ! »
Woody Allen

• « La bonne santé n'est que la plus lente des façons de mourir. »
Coluche

• « Une fois, je me suis disputé avec un sourd. Fort heureusement, il s'agissait d'un malentendu. »
Laurent Gaulet

• « La différence entre la beauté et la laideur, c'est que la laideur, elle au moins, elle dure ! »
Serge Gainsbourg

• « Si les cons étaient des fleurs, la salle des profs serait un jardin. »
Anonyme

• « La nostalgie, c'est comme les coups de soleil : ça fait pas mal pendant, ça fait mal le soir. »
Pierre Desproges

• « La plus belle mort, c'est d'être tué à 80 ans d'un coup de revolver par un mari jaloux. »
Francis Blanche

• « La politique, c'est comme l'andouillette, ça doit sentir un peu la merde, mais pas trop. »
Édouard Herriot

• « La première partie de notre vie est gâchée par nos parents et la seconde par nos enfants. »
Clarence Darrow

• « La religion, je m'assois dessus, ça s'appelle le Saint-Siège. Je suis athée comme une tasse. »
Francis Blanche

• « J'étais tellement amoureux que, dans le taxi, j'oubliais de regarder le compteur. »
Woody Allen

• « Celui qui laisse tomber sa montre dans les toilettes aura un temps de merde. »
Anonyme

• « L'amitié est un contrat par lequel nous nous engageons à rendre de petits services à quelqu'un afin qu'il nous en rende de grands. »
Charles de Montesquieu

• « L'amour est aveugle, mais le mariage lui rend la vue. »
Georg Christoph Lichtenberg

• « L'amour n'est pas aveugle, il est atteint de presbytie. La preuve, c'est qu'il ne commence à distinguer les défauts que lorsqu'il s'éloigne. »
Miguel Zamacoïs

• « L'amour, c'est comme la brocante. C'est dans la remise qu'on fait souvent les meilleures affaires. »
Sim

• « Tous les champignons sont comestibles. Certains ne le sont qu'une fois. »
Anonyme

• « L'amour, c'est l'effort que fait l'homme pour se contenter d'une seule femme. »
Paul Géraldy

• « L'Anglais tond toujours son gazon très court, ce qui permet à son humour de voler au ras des pâquerettes. »
Pierre Desproges

• « L'autre jour, au café, je commande un demi. J'en bois la moitié. Il ne m'en restait plus. »
Raymond Devos

• « *Le Capital* de Karl Marx, c'est comme l'annuaire : on tourne quelques pages et on décroche… »
Pierre Desproges

• « La seule chose qui puisse retenir vos cheveux de tomber, c'est le plancher. »
Anonyme

• « Le cercle n'est qu'une ligne droite revenue à son point de départ. »
Frédéric Dard

• « Les petits sont à plaindre car ils sont toujours les derniers à savoir quand il pleut. »
Pierre Desproges

• « Le mari qui veut un mariage heureux doit apprendre à garder sa bouche fermée, et son carnet de chèques ouvert. »
Groucho Marx

• « Le peu que je sais, c'est à mon ignorance que je le dois. »
Sacha Guitry

• « Le pitbull est un chien avec lequel on n'a pas le temps d'envoyer la baballe qu'il faut déjà lui dire "ramène le bras à papa" ! »
Laurent Ruquier

• « Le travail, c'est comme une femme : il ne faut jamais le quitter sans en avoir trouvé un autre ! »
Anonyme

• « Le rire est une chose sérieuse avec laquelle il ne faut pas plaisanter. »
Raymond Devos

• « Le seul moment où une femme écoute attentivement ce que dit son mari, c'est lorsqu'il parle en dormant. »
Jean Yanne

• « Le vrai xénophobe est celui qui déteste à ce point les étrangers que, lorsqu'il va dans leur pays, il ne peut pas se supporter. »
Raymond Devos

• « Hésiter ou ne pas hésiter, là est la question. Ou pas… »
Anonyme

• « L'épargne est une bonne chose, surtout si vos parents l'ont faite pour vous. »
Winston Churchill

• « Les automobilistes du dimanche baisent comme ils conduisent : pas assez souvent, trop vite et sans assurance. »
José Arthur

• « Les célibataires devraient être plus lourdement taxés que les hommes mariés. Ce n'est pas juste que des hommes soient plus heureux que d'autres. »
Oscar Wilde

• « L'eau est un liquide si corrosif qu'une seule goutte suffit pour troubler le pastis. »
Anonyme

• « Les chaînes du mariage sont si lourdes qu'il faut être deux pour les porter ; quelquefois trois. »
Alexandre Dumas

• « Les femmes se divisent en deux catégories : les laides et les maquillées. Les mères étant à part. »
Oscar Wilde

• « Les femmes sont comme des miroirs, elles réfléchissent mais ne pensent pas. »
Arthur Schopenhauer

• « Les hommes mentiraient moins si les femmes posaient moins de questions. »
Coluche

• « Les suppositoires à la nitroglycérine sont beaucoup plus efficaces que ceux à la glycérine pure, mais se révèlent beaucoup plus bruyants. »
Pierre Dac

• « L'Europe se rapproche de l'Amérique d'un centimètre par siècle. Pourtant le prix de la traversée reste le même. »
François Cavanna

• « L'héroïsme, c'est encore la meilleure façon de devenir célèbre quand on n'a pas de talent. »
Pierre Desproges

• « L'homme qui a eu le moins de chance dans sa vie est ce pauvre astronaute Youri Gagarine. Il est parti de Russie ; il a fait 17 fois le tour de la Terre, et il est retombé en Russie ! »
Coluche

• « Loi d'Archimède : plus la femme est légère, plus les dépenses sont lourdes. »
Sim

• « Moi je fais deux régimes en même temps parce qu'avec un seul, je n'avais pas assez à manger. »
Coluche

• « Moi l'augmentation du prix de l'essence, je m'en fous. J'en prends toujours pour 75 euros. »
Philippe Geluck

• « Moi, je veux bien soutenir les écologistes, mais à une condition : que les petits oiseaux ne chient plus sur ma voiture… »
Laurent Ruquier

• « Moi, lorsque je n'ai rien à dire, je veux qu'on le sache ! »
Raymond Devos

• « Mon héros préféré, c'est Mickey. Tout comme lui, j'ai de grandes oreilles et une grande queue… »
Serge Gainsbourg

• « Napoléon n'était qu'à moitié corse : il ne croisait qu'un seul bras ! »
Coluche

• « Ne rien faire, ça peut se dire. Ça ne peut pas se faire ! »
Raymond Devos

• « Pour se marier il faut un témoin ; comme pour un accident ou un duel. »
Coluche

• « Ne vous vengez pas d'une femme, le temps s'en charge pour vous. »
Claudel

• « N'importe quoi vaut souvent mieux que rien du tout, et réciproquement, de même que quiconque n'est pas souvent quelqu'un, et inversement. »
Pierre Dac

• « On a toujours tort d'essayer d'avoir raison devant des gens qui ont toutes les bonnes raisons de croire qu'ils n'ont pas tort ! »
Raymond Devos

• « On dit qu'on apprend avec ses erreurs, mais à mon avis c'est une erreur… et si je me trompe, au moins j'aurai appris quelque chose ! »
Philippe Geluck

• « On fait de plus en plus de bières sans alcool. C'est sûrement pour les mecs qui n'aiment pas être saouls, mais qui adorent quand même pisser… »
Coluche

• « Plus j'y pense, plus je me dis qu'il n'y a aucune raison pour que le carré de l'hypoténuse soit égal à la somme des carrés des deux autres côtés. »
Frédéric Dard

• « Pour moi, une journée sans canular, c'est un gruyère sans trou. »
Francis Blanche

• « Pour qu'un écologiste soit élu président, il faudrait que les arbres puissent voter… »
Coluche

• « Quand je regarde la poitrine d'une femme, je vois double. »
Jules Renard

• « Quand on me demande d'où vient mon sens de la repartie, je ne sais jamais quoi répondre. »
Laurent Baffie

• « Quand on n'a besoin que de peu de chose, un rien suffit, et quand un rien suffit, on n'a pas besoin de grand-chose. »
Pierre Dac

• « Quand on n'est pas adroit de ses mains, on s'y prend comme un pied. »
Sim

• « Rendre l'âme ? D'accord, mais à qui ? »
Serge Gainsbourg

• « Rien, ce n'est pas rien ! La preuve, c'est que l'on peut le soustraire. Exemple : rien moins rien égale moins que rien ! »
Raymond Devos

• « Semaine épouvantable : pas un seul sondage d'opinion. Tant pis, nous essaierons de deviner tout seuls nos propres intentions. »
André Frossard

• « Si Christophe Colomb n'avait rien découvert, Kennedy serait toujours vivant. »
Francis Blanche

• « Si j'avais à choisir entre une dernière femme et une dernière cigarette, je choisirais la cigarette : on la jette plus facilement ! »
Serge Gainsbourg

• « Si la fortune vient en dormant, ça n'empêche pas les emmerdements de venir au réveil. »
Pierre Dac

• « Si le Christ était mort sur une chaise électrique, tous les chrétiens porteraient une petite chaise en or autour du cou. »
Serge Gainsbourg

• « Si les animaux font l'amour sans se regarder en face, c'est qu'ils n'ont pas d'arrière-pensées. »
Sim

• « Si les lentilles vous font péter, portez des lunettes. »
Philippe Geluck

• « Si seulement Dieu pouvait me faire un signe ! Comme faire un gros dépôt à mon nom dans une banque suisse. »
Woody Allen

• « Si tu étais plus belle, je me serais déjà lassé. Tandis que là, je ne m'y suis pas encore habitué. »
Raymond Devos

• « Si vous avez les seins qui tombent, faites-vous refaire le nez, ça détourne l'attention. »
Pierre Desproges

• « Son épouse était si autoritaire qu'il avait rédigé son testament en commençant par ces mots : "Voici mes premières volontés…" »
Eugène Labiche

• « Si la matière grise était rose, personne n'aurait plus d'idées noires. »
Pierre Dac

• « Tous les hommes naissent comédiens, sauf quelques acteurs. »
Sacha Guitry

• « Tout n'est pas cirrhose dans la vie, comme dit l'alcoolique. »
Frédéric Dard

• « Un ami, c'est quelqu'un qui vous connaît bien et qui vous aime quand même. »
Hervé Lauwik

• « Un buffet de gare est un endroit où l'on sert à des gens qui passent des repas qui ne passent pas. »
Alexandre Vialatte

• « Un chameau, c'est un cheval dessiné par une commission d'experts. »
Francis Blanche

• « Un gentleman est un monsieur qui, lorsqu'il rencontre une femme entre deux âges, opte pour le moins vraisemblable. »
David Niven

• « Un philosophe est quelqu'un qui répond à des questions que personne ne lui a posées. »
Jean Maûr

• « Un très ancien proverbe birman dit : "Rien ne sert de courir si on n'est pas pressé et rien ne sert de marcher si on n'est pas foutu de se tenir debout." »
Pierre Dac

• « Une horloge cassée a raison au moins deux fois dans la journée. »
Woody Allen

• « Une rengaine, c'est un air qui commence par vous entrer par une oreille et qui finit par vous sortir par les yeux. »
Raymond Devos

• « Voici que s'avance l'immobilisme, et nous ne savons pas comment l'arrêter. »
Edgar Faure

• « Vous avez déjà entendu parler un Américain du Texas ? On dirait un Allemand qui parle sous l'eau ! »
Coluche

• « Vous serez fusillé avec des balles rouillées et vous mourrez du tétanos. »
Serge Gainsbourg

Les copains, les copines

• Deux amis discutent au comptoir d'un bar…
– Tu fumes combien par jour ?
– Deux paquets.
– Et depuis combien de temps ?
– Ça fait vingt-cinq ans.
– Ça coûte combien un paquet ?
– 7 euros.
– Tu imagines que tu as dépensé plus de 127 000 euros en clopes ! Si tu n'avais pas fumé, tu aurais pu t'acheter une Porsche !
Le fumeur réfléchit un instant et répond :
– Et toi, tu fumes ?
– Ah non !
– Alors, elle est où ta putain de Porsche ?!

• Deux copines viennent d'enterrer la vie de jeune fille d'une amie. Elles sont complètement bourrées, il fait nuit, et elles rentrent chez elles à pied.
– J'ai envie de faire pipi ! dit l'une.
– Et moi c'est la grosse commission ! lui répond l'autre.
– On va pas faire dans la rue, y'a des réverbères partout !
– Non. Regarde, il y a un cimetière à côté, allons-y !
Les deux filles pénètrent donc dans le cimetière. Celle qui souhaite faire pipi s'accroupit, oublie de retirer sa culotte et se pisse dessus ! Elle décide alors de la retirer et de l'abandonner dans le cimetière. La seconde fait la grosse commission et trouve quelque chose pour s'essuyer les fesses. Les deux copines enfin soulagées s'en vont et rejoignent leur foyer conjugal. Le lendemain, leurs petits copains respectifs se rencontrent…
– Ma nana est rentrée complètement saoule, cette nuit ! Je ne sais pas ce qu'elle a fait mais elle n'avait plus sa culotte !
– Ne m'en parle pas ! Moi aussi, elle était ivre morte. Je ne sais pas non plus ce qu'elle a fait mais elle est rentrée avec une banderole au cul, sur laquelle il était écrit : « ON NE T'OUBLIERA JAMAIS. TES MEILLEURS AMIS. »

• **Un gars débarque à l'improviste chez un copain et lui demande l'hospitalité pour la nuit.**
– Tu peux dormir dans le lit avec Bébé ou sur le canapé, comme tu préfères.
– Merci, c'est super sympa ! Je vais prendre le canapé pour ne pas réveiller bébé.
Le lendemain matin, le gars se lève et va dans la salle de bain, où il tombe nez à nez avec une superbe jeune fille nue…
– Euh… Excusez-moi, je… je ne savais pas que vous étiez là, balbutie-t-il.
– Ne t'inquiète pas ! répond la jeune fille qui n'est pas pudique. Je m'appelle Sophie mais tu peux m'appeler Bébé. Et toi, tu es qui ?
– Je suis le roi des cons !

• **Un type pose une devinette à son copain :**
– Antoine, tu sais combien il existe d'orgasmes féminins différents ?
– Non, dis-moi.
– Il y en a quatre. L'orgasme positif: « Oh oui ! Oh oui ! », l'orgasme négatif « Oh non ! Oh non ! », l'orgasme religieux « Oh mon Dieu ! Oh mon Dieu ! » et l'orgasme simulé « Oh Antoine ! Oh Antoine ! »…

• **Deux copains jouent au golf et l'un d'eux envoie malencontreusement sa balle dans un profond fossé.** Il descend au fond du trou avec un fer n° 8, puis cherche sa balle. Lorsqu'il la trouve enfin, il retient un hurlement. Tout à côté de sa balle, il découvre le squelette d'un joueur qui tient dans sa main un fer n° 8… Le gars hurle alors à destination de son copain :
– Vite!!! Lance-moi un fer n° 7, je n'arriverai jamais à sortir d'ici avec un 8 !

HEY, SALUT ! ÇA VA ?
OUI. QU'EST-CE QUI T'AMÈNE ?
JE TE PARIE 50 EUROS QUE TU NE DEVINERAS PAS POURQUOI JE VIENS TE VOIR !
J'AI COMPRIS.
TU ES VENU POUR QUE JE TE PRÊTE DE L'ARGENT...
PERDU ! TU ME DOIS 50 EUROS !
CHAUVIN -

• **Un type raconte à un copain :**
– Quand je suis né, on m'a donné le choix : avoir un grand pénis ou une excellente mémoire. Je ne me souviens plus ce que j'ai choisi…

• **Un type se plaint auprès d'un copain…**
– On vit vraiment dans un monde de pourris !
– Pourquoi dis-tu cela ?
– Dimanche, mon beau-frère est venu manger à la maison. Comme ma voiture est en panne et que la réparer me coûte trop cher, je lui ai demandé s'il ne pouvait pas me prêter 500 euros. Et tu sais quoi ?
– Non.
– Eh bien, il a refusé ! Un monde de pourris ! Tu n'es pas d'accord avec moi ?
– Je te préviens, dit alors le copain, moi aussi, je suis un pourri.

• **Deux gars jouent au poker.** Et le jeu fait oublier aux deux joueurs l'heure qui tourne…
– Mince ! s'écrie l'un. Déjà 4 heures du matin ? Je vais encore me faire engueuler par ma femme ! À chaque fois, c'est pareil ! Je rentre tout doucement, sur la pointe des pieds, je fais le moins de bruit possible, je me glisse en douceur sous les draps, et là, ma femme se réveille ! Après, je te raconte pas le savon qu'elle me passe !
– Fais comme moi ! Avant d'entrer, je frappe et sonne à la porte. Puis, une fois dans l'appartement, je fais le maximum de bruit, j'allume la lumière de la chambre, saute sur le lit et dit à ma femme : « Allez, on baise ? » Et là, à chaque fois, elle fait semblant de dormir…

Les people de l'année

• Pourquoi Oscar Pistorius a-t-il tué sa fiancée?
Parce qu'il était de mauvais poil et qu'il s'était levé du mauvais moignon!

• Oscar Pistorius a tué sa petite amie… Retrouvera-t-il un jour « chaussure à son pied » ?

• Dans quelle discipline Oscar Pistorius souhaite-t-il participer de nouveau aux Jeux olympiques?
Au tir à la carabine!

• Comment la petite amie d'Oscar Pistorius aurait-elle pu éviter le drame?
En prenant ses jambes à son cou!

• Pourquoi Oscar Pistorius a-t-il tué sa petite amie?
Parce qu'il ne prenait pas son pied avec elle!

• De quoi Oscar Pistorius a-t-il peur?
Que le paiement de sa caution lui coûte un bras!

• Qu'a répondu la juge lorsque Oscar Pistorius lui a déclaré qu'il avait confondu sa femme avec un cambrioleur?
Ça me fait une belle jambe!

• Pourquoi a-t-il fallu qu'Oscar Pistorius tire plusieurs balles pour tuer sa femme?
Parce qu'il tire comme un pied!

• •
•

• Dieudonné entre dans un bar et remarque un juif assis à une table.
– Tournée générale! lance-t-il à l'assemblée. Sauf pour le juif…
– Merci beaucoup! lui répond ce dernier.
Un peu plus tard, Dieudonné offre une seconde tournée

générale, sauf au juif. Et ce dernier le remercie de nouveau… Dieudonné demande alors au barman :
– Mais pourquoi il me remercie, ce con ?
– Parce que c'est le patron du bar !

• **Dieudonné vient d'ouvrir une armurerie.** Un juif y entre et lui demande :
– Bonjour, je voudrais acheter un fusil à pompe, s'il vous plaît.
– Non mais, ça va pas ? Je ne vais pas vous vendre un fusil à pompe !
– Alors… Je prendrai un gros 357 magnum.
– Non, pas question ! répond Dieudonné.
– Une grenade ?
– Non.
– Un couteau de chasse.
– Non plus.
– C'est parce que je suis juif que vous ne voulez pas me vendre d'armes ? Raciste !
Le juif quitte furieux le magasin et va se plaindre auprès de la LICRA. Un représentant de l'association se rend alors dans le magasin de Dieudonné et dit à ce dernier :
– Qu'est-ce que vous avez contre les juifs ?
– Des fusils à pompe, des 357 magnum, des grenades, des couteaux…

• **Le jour du Yom Kippour, une famille juive chôme et jeûne.** Alors que tous sont en train de prier, Dieudonné arrive et les interrompt en leur demandant :
– Qui veut du gâteau ?
Les juifs lui répondent :
– C'est Kippour.
Et Dieudonné répond :
– C'est pour ouam !

• Dieudonné se rend à l'église pour se confesser.
– Pardonnez-moi, mon père, parce que j'ai péché, dit Dieudonné dans le confessionnal.
– Je vous écoute, mon fils. Quel est votre péché ?
– Alors voilà… Pendant la Seconde Guerre mondiale, mon grand-père a caché un enfant juif dans la cave de notre maison.
– C'était une belle action ! Votre grand-père est un juste !
– Oui, oui… Mais cet enfant que mon grand-père avait caché dans notre cave me préoccupe… Mon père, est-ce que je dois lui dire que la guerre est terminée ?

• Un juif parle de son chien à Dieudonné :
– Quand je promène mon chien, il mord tous les juifs qu'il croise !
– Et vous ? Il ne vous mord pas ?
– Non, je suis son maître.
– Vous ne voudriez pas me le vendre ? Je vous donne 200 euros pour votre chien !
– Ça va pas, non ? Je l'aime, ce chien. Même s'il mord tous les juifs, c'est mon chien.
– Et pour 1 000 euros, vous l'aimez toujours votre chien ?
– Je l'aime un peu moins…
– 2 000 euros, c'est mon dernier prix.
– Affaire conclue !
Dieudonné repart donc avec le chien. Quelques jours plus tard, il retrouve son ancien maître…
– Dites donc, vous ! Votre chien, il ne mord personne ? En plus, il pisse partout ! Il pue, il ronfle… Ce clébard est une vraie calamité ! Qu'est-ce que vous en pensez, hein !
– J'en pense que si vous parlez de votre chien ainsi, vous aurez du mal à le vendre…

• **Dieudonné s'assoit à côté d'un rabbin sur un banc public et lui adresse la parole :**
– J'ai une question à vous poser…. Pourquoi dit-on que les juifs sont plus riches que les autres communautés ?
Le rabbin sort un hareng de son sac, commence à le manger, puis répond :
– Le hareng… On mange du hareng et ça nous rend plus intelligents ! C'est ça notre secret !
– Ah bon ? s'étonne Dieudonné. Ça m'intéresse. J'aime bien le hareng, et si ça doit me rendre plus intelligent, je suis prêt à vous en acheter. Vous avez d'autres harengs dans votre sac ?
– Je vous fais les deux kilos qu'il me reste pour 100 euros !
Dieudonné sort 100 euros et le rabbin donne ses poissons. Tandis que Dieudonné mange son premier hareng, une pensée lui traverse l'esprit…
– Mais dites-moi, pour 100 euros, j'aurais pu en acheter beaucoup plus au marché !
Le rabbin lui répond, un sourire malicieux aux lèvres :
– Alors, vous voyez ? Le hareng commence à faire son effet !

• **Après avoir été condamné pour injures antisémites, Dieudonné sort de prison…** Avec son petit baluchon sur le dos, il emprunte seul et à pied la route désertique qui le mène jusque chez lui. Après deux heures de marche en plein soleil, il arrive enfin à un arrêt de bus. Il s'assoit sur son baluchon et attend… Une heure, deux heures, toujours pas de bus… Dieudonné est soudainement pris d'une envie très pressante de faire la grosse commission. Plutôt que de s'éloigner de la route pour aller se soulager derrière des buissons et risquer que le bus passe pendant ce temps, il décide de faire à côté de l'arrêt de bus… Et heureusement, car à peine a-t-il le temps de faire et de remonter son pantalon que le bus arrive ! Les portes s'ouvrent, Dieudonné monte dans le bus, paye son billet et va s'asseoir. À ce moment-là, le chauffeur juif l'interpelle et, tout en lui désignant la merde sur la route, lui demande :
– Et le petit Noir, il monte pas ?

• **Dieudonné demande à la journaliste qui l'interviewe :**
– Savez-vous ce qui se passe quand un juif en érection rentre dans un mur ?
– Non…
– Il se casse le nez !

• **Pourquoi Dieudonné sourit-il si peu ?**
Vous croyez que c'est drôle d'être noir ?

• **Pourquoi Usain Bolt court-il aussi vite ?**
C'est parce qu'il a une cravache entre les jambes !

• **Renaud Lavillenie dit à Usain Bolt :**
– Avec une perche de 5 mètres je saute une barre de 6,16 mètres !
– Et moi, répond Usain Bolt, avec une perche de 20 centimètres je saute une fille d'1,75 mètre !

• ***Flash info***
Ce matin la chanteuse Avril Lavigne a épousé le chanteur Bruno Mars. Elle s'appelle désormais Avril Mars.

• **Quelle différence y a-t-il entre Popeye et Depardieu ?**
Le premier aime l'épinard et l'autre le pinard !

• **Que répond Franck Ribéry quand on lui demande s'il a été à l'école ?**
Oui, j'ai fait Sport et Tude !

• **Que disent les traders japonais à Jérôme Kerviel ?**
Tu t'es fait nikkei !!!

• **Dieu a dit à Katy de mourir, alors Katy Perry.**

• **Qu'est-ce que Joyce Jonathan a en commun avec Van Gogh ?** Elle a la même oreille musicale !

• **Un homme est seul sur une île déserte.** Enfin presque, une brebis lui tient compagnie... Bien entendu, au bout de quelque temps, le soleil lui tapant sur la tête, l'homme commence à désirer sexuellement la brebis... Il tente de l'attraper mais la brebis a plus de vitalité et ne se laisse pas faire. Tous les jours, l'homme fait une tentative, et tous les jours, il doit essuyer un refus. Un matin, il aperçoit un radeau à la dérive. Il plonge à l'eau et le ramène jusqu'à son île. Sur ce radeau, il a le bonheur de découvrir Rihanna, en personne ! Il n'en croit pas ses yeux. Rihanna lui dit :
– Tu m'as sauvé la vie, demande-moi ce que tu veux, je le ferai.
– Ce que je veux ?
– Oui, même si je dois fermer les yeux pour cela, j'accepte tout ce que tu veux.
– D'accord. Tu peux me tenir la brebis ?

• **Au concert de Justin Bieber, l'ouvreuse s'en prend à une jeune fille qui s'est étalée sur trois sièges.**
– Que faites-vous là ? Vous prenez toute la place ! Faites voir votre ticket !
– Mfff...
– Mais vous devriez être au second balcon ?
– Mfff... fui fombé !

• **Un soir, Anne-Sophie Leclère se promène tranquillement dans une rue sombre.** Son chemin croise celui de Christiane Taubira qui promène son chien. Arrivée à son niveau, Anne-Sophie Leclère dit :
– Bonjour ! Je ne savais pas qu'on avait le droit de promener un singe en liberté ?
Christiane Taubira lui répond :
– Bonjour, ce n'est pas un singe, c'est un...
– Ta gueule, toi !!! Tu vois pas que je parle à ton chien !

La ronde des métiers

Assistante sociale

Quelle différence y a-t-il entre une assistante sociale et un pitbull ?
Le pitbull finit toujours par lâcher le gosse.

Assistante de direction

Qu'est-ce qu'une assistante allongée sur un bureau ?
Une formalité à remplir.

Avocat

Quel est le signe d'un hiver extrêmement rigoureux ?
Les notaires et les avocats ont leurs mains dans leurs propres poches…

Banquier

Un homme entre dans une banque et s'adresse à la banquière :
– Je veux ouvrir un compte, salope !
– De quel droit vous adressez-vous à moi ainsi, monsieur ? Sortez !
– Non, je reste. J'ai dit que je voulais ouvrir un compte, grosse salope…

– Monsieur le directeur ! Monsieur le directeur ! J'ai un souci avec un client !
– Quel est le problème, Geneviève ?
– C'est ce monsieur, il veut ouvrir un compte et il m'insulte !
– Qu'avez-vous à répondre à cela, monsieur ?
– Je disais à cette salope que je voulais ouvrir un compte parce que je viens de gagner la grosse cagnotte de l'Euro Millions.
– Oh ! Et cette vieille putain ne veut pas s'occuper de vous ?

Flash info
Un banquier suisse vient d'être placé dans un hôpital psychiatrique. Il plaçait son argent en France…

Boulangère

Un Arabe et un gitan entrent dans une boulangerie. L'Arabe profite d'un moment d'inattention de la boulangère pour glisser une barre chocolatée dans sa poche.
– T'as vu ? fait-il au Gitan. C'est qui le plus doué ?
– C'est moi, et je vais te le prouver !
La boulangère se tourne vers eux et leur demande :
– Que souhaitez-vous ?
– Je vais vous faire un tour de magie ! lui dit le Gitan.
Il s'empare alors d'une barre chocolatée, retire son papier, puis la mange.
– Et maintenant ? lui lance la boulangère.
– Et maintenant, regardez dans la poche de l'Arabe !

Chauffeur de car

On ne dit pas « tous mes ennuis sont derrière moi ». Mais on dit… « je conduis un bus scolaire » !

Chef de chantier

Un Arabe se lamente auprès de son chef de chantier.
– Chif ! Y sont tousse racistes !
– Pourquoi ?
– Ji ti dis qu'ils sont tousse racistes !
– Qui ça ? demande le chef de chantier.
– Tout li monde, il est raciste ! Li gars avec qui ji travaille, li gens dans la rue, tout li monde, ji ti dis ! Même toi !
– Moi ? Mais je ne suis pas raciste ! s'offusque le chef.
– Dis-moi… Qu'est-ce qui ti dirais si on ti disait : « Viens ! On va niquer tousse li Arabes i tousse li coiffeurs » ?
– Les coiffeurs ? Pourquoi les coiffeurs ?
– Aaaah ! Ti vois ? Toi aussi !!!

Chef de service

Trois chirurgiens discutent des personnes qu'ils vont devoir opérer. Le premier dit :
– J'opère un électricien à 14 heures. J'espère que lorsque je l'aurai ouvert, tous ses organes seront numérotés et qu'il y aura un code couleur sur tous les vaisseaux sanguins !
– Tu as raison ! Moi, j'opère une bibliothécaire à 15 heures. En principe, tout devrait être classé par ordre alphabétique !

– Vous n'aurez pas autant de chance que moi, dit le troisième chirurgien. J'opère un chef de service à 16 heures. Il y a de grandes chances pour qu'il n'ait pas de cœur, pas de cerveau, pas de couilles et qu'il ne soit juste qu'un parfait trou du cul!

Chef d'entreprise

À l'approche de la retraite, un chef d'entreprise s'apprête à céder l'affaire familiale à son fils comme l'avait fait son propre père il y a déjà trente ans. Tout en lui faisant visiter sa petite entreprise qui, grâce à l'esprit ingénieux des hommes de la famille, n'a jamais connu la crise, il raconte à son fils:
– Ces machines, c'est ton grand-père qui les a inventées. C'est avec ces machines qu'il a lancé cette fabrique de saucissons d'âne. On découpait l'âne en morceaux et on le mettait dans cette machine qui le mixait. Puis on transportait la mixture dans cette machine-là qui fabriquait le saucisson!
– Waouh… Cool!
– Et cette machine, c'est moi qui l'ai inventée. L'âne entre vivant par ce côté-ci et de ce côté-là ressort le saucisson d'âne.
– Trop fort!
– Et toi, mon fils, que penses-tu pouvoir faire pour cette entreprise?
– Ben… On pourrait trouver une machine où, tu vois, on met un saucisson dedans et puis il ressort un âne!
– Cette machine existe déjà, mon fils, c'est ta mère…

Coiffeur

Un homme entre dans un salon de coiffure en compagnie d'un petit garçon. Il se fait couper les cheveux, puis vient le tour du petit. L'homme dit au coiffeur :
– Vous lui faites la frange sur le côté et ne coupez pas trop court. Je vais faire quelques courses et je reviens dans environ un quart d'heure. Vous aurez terminé ?
– Oui, très bien. Dans quinze minutes !
Une demi-heure plus tard, le coiffeur qui a terminé sa coupe dit au petit :
– Ton papa est en retard…
– Mais !? C'est pas mon papa !
– Ah ? C'est ton oncle ?
– Non ! C'est un monsieur qui m'a dit : « Viens avec moi chez le coiffeur, on va se faire couper les cheveux à l'œil ! »

Contrôleur

Des hommes cagoulés investissent un train de banlieue de la région parisienne en hurlant :
– Tout le monde les mains en l'air !
La moitié des passagers poussent un soupir de soulagement et disent :
– Ouf ! Je croyais que c'était les contrôleurs !

Déménageur

Deux déménageurs empruntent les escaliers pour monter un piano jusqu'au 20e étage. Au bout de quatre heures d'efforts, l'un dit à l'autre :
– J'ai une bonne et une mauvaise nouvelle à t'annoncer ! La bonne, c'est que nous sommes au 19e étage !
– Ouf ! Et la mauvaise ?
– La mauvaise c'est qu'il n'y en a pas d'autres, ce qui signifie que nous nous sommes trompés d'immeuble !

Directeur des ressources humaines

On ne dit pas « un gestionnaire de tâches ».
Mais on dit… « le directeur des ressources humaines » !

Docteur

Un homme se rend chez son médecin pour le remercier.
– Docteur, vous m'avez véritablement sauvé la vie !
– N'exagérez rien ! Je n'ai fait que mon métier en vous auscultant et en prescrivant les remèdes appropriés…
– Si, si ! J'insiste ! Vous m'avez sauvé la vie ! Pour vous remercier, je vous ai même couché sur mon testament !
– Au fait ! Puisque vous êtes là, il faut absolument, pour que votre rétablissement soit complet, que je vous prescrive un nouveau médicament…

Électricien

Qu'est-ce qui est noir et qui pend au plafond au bout d'un fil ?
Un mauvais électricien.

Employé communal

Un Corse qui s'occupe de l'entretien d'un petit cimetière communal va voir le maire et lui annonce :
– Faut me trouver un autre travail, je ne veux plus bosser au cimetière !
– Mais pourquoi donc ?
– Ben… Je lis partout : « Ici repose Untel », « Ici repose Machin »… En fait, il n'y a que moi qui travaille !

Épicier

Une femme demande à son épicier :
– Je voudrais un kilo de pêches, s'il vous plaît.
– Oui. Jaunes ou blanches ?
– Des jaunes. Elles sont françaises ou espagnoles, vos pêches ?
– Ben pourquoi ? C'est pour manger ou pour discuter ?

Guide

Un Anglais, un Chinois et leur guide français font une promenade en montagne. Comme ils sont arrivés près d'un gouffre, le guide français annonce à ses deux amis :
– On s'arrête ici quelques instants, je vais vous faire écouter l'écho !
Le Français se place au bord du gouffre et crie :
– Je m'appelle Marc !
Et effectivement l'écho répond :
– Marc… Marc… Marc…
Amusé, l'Anglais se place près du gouffre.
– Je m'appelle Peter ! hurle-t-il.
Et l'écho lui répond :
– Peter… Peter… Peter…
Le Chinois s'avance à son tour et crie :
– Je m'appelle Tchin-Tchen-Tchong !
Et l'écho répond :
– Quoiiiii ?

Hôtesse de l'air

Une hôtesse de l'air dit à sa collègue :
– Va voir à la queue de l'avion s'il y a de nouvelles têtes. Pendant ce temps, je fais le contraire…

Infirmière

À la suite d'un grave accident de la circulation, un homme se réveille brusquement dans son lit d'hôpital. Il hurle :

– Docteur !!! Docteur !!!
– Que se passe-t-il ? demande l'infirmière.
– Aidez-moi ! Je ne sens plus mes jambes !
– C'est normal, monsieur. On vous a amputé des deux bras…

Informaticien

Quatre informaticiens racontent leur week-end :
– Ce week-end, dit le premier, je suis allé en boîte. J'ai dragué une superbe blonde !
– Ah bon ? Raconte ! font les trois autres.
– Je l'ai ramenée chez moi, elle était super excitée. Je l'ai déshabillée, je l'ai soulevée et l'ai assise sur le clavier de mon nouveau PC…
– Super ! T'as quoi comme processeur ? lui demandent les trois autres.

Magicien

Un SDF fait rôtir un pigeon à la broche au-dessus d'un vieux fût. Il raconte à un comparse :
– Hier, un magicien a déposé un billet de 100 euros dans ma casquette !
– Putain, t'as du bol, toi !
– Bof, pas trop… Quand j'ai voulu le prendre dans la casquette, il avait disparu et j'ai sorti une colombe…

Marchand de tableau

Un homme achète un tableau. Au moment de régler, le vendeur lui dit :
– Vous faites une affaire, monsieur. Ce tableau représente vingt ans de travail !
– Le peintre a mis vingt ans pour le réaliser ?
– Oh non ! Ma fille l'a réalisé en certainement moins de dix minutes avec sa maîtresse, lorsqu'elle était à l'école maternelle… Mais moi, ça m'a pris vingt ans pour le vendre !

Mineur

Deux mineurs, un Français et un Belge, descendent au fond du puits. Lors d'une pause, le Français sort son thermos pour se servir un café.
– Qu'est-ce que cela ? lui demande le Belge intrigué.
– Tu ne sais pas ce que c'est ? s'étonne le Français. Eh bien… c'est une capote ! Ça garde le café au chaud et ça se vend en pharmacie !
Dès la fin du travail, le Belge se rend dans une pharmacie et demande :
– Bonjour, je voudrais une capote, s'il vous plaît !
– Oui, de quelle taille ?
– Grande comme ça ! De quoi contenir un litre à peu près…
– Tant que ça ?
– Ah oui ! C'est que je reste six heures au fond du trou, moi !

Musicien

Quelle différence y a-t-il entre un rockeur et un jazzman ?
Le rockeur joue trois accords devant mille personnes. Le jazzman, c'est l'inverse.

Notaire

Quelle différence y a-t-il entre un chien mort écrasé sur la route et un notaire mort dans les mêmes circonstances ?
Il y a des traces de freinage devant le chien.

Ouvrier

Un Corse qui travaille sur un chantier va se plaindre auprès de son chef :
– Chef ! Ça fait quinze jours que je suis là et je n'ai toujours pas d'outil ! Je ne peux pas travailler sans outil !
– Ah bon ?
– Bah oui ! Tout le monde a une pioche, une pelle ou bien une brouette ! Et moi, je n'ai rien pour me reposer dessus !

Pâtissier

On ne dit pas « une paire de tartes ».
Mais on dit… « un couple de pâtissiers » !

Paysan

Un paysan achète un magnifique taureau à un autre éleveur qui est depuis peu à la retraite et qui vit à proximité de sa ferme. Quelque temps plus tard, le retraité se rend chez son voisin pour prendre des nouvelles de son ancienne bête :

– Salut ! Comment va le taureau ?

L'autre lui répond :

– Ben… Pas terrible. Il est dans le champ avec les génisses mais il refuse de les monter ! Il est impuissant ou quoi ?

Étonné, l'ancien éleveur répond :

– Fais venir le véto, mon gars. C'est pas normal. Y'a un souci…

Quelques jours plus tard, il revient prendre des nouvelles :

– Alors, il va mieux le taureau ?

Le paysan lui dit :

– J'ai fait venir le véto comme tu me l'avais conseillé. Tout est rentré dans l'ordre ! Il a sailli toutes les femelles. Et comme ça ne lui suffisait pas, il a défoncé la clôture et il s'est tapé toutes les vaches du voisin !

– Ah, bon ? s'étonne l'autre. Mais qu'est-ce qu'il lui a donné le véto ?

– Il lui a prescrit des cachets. J'sais pas ce que c'est exactement mais ils ont un petit arrière-goût de menthe et sont un peu amers.

Père Noël

Le Père Noël en a plein les bottes. Cette année la préparation des cadeaux a été un vrai calvaire. Mais le pire, ça a été de réussir à tout caser dans le coffre de ce p… de traîneau ! Il est plein à craquer ! Le Père Noël a mis une heure rien que pour essayer

de le fermer. Soudain ! Un petit ange doré aux ailes immaculées arrive.
– Père Noël !
– Grrr…
– Père Noël ! Père Noël !
– Quoi !!! Qu'est-ce qu'il y a ? Qu'est-ce que tu veux !
– Père Noël ! Tu as oublié de mettre ce sapin de Noël magique dans le coffre. Où je le mets ?
Et c'est depuis ce jour que l'on met le petit ange au sommet des sapins de Noël…

Pharmacien

Un homme entre dans une officine et demande une boîte de Viagra au pharmacien.
– Bien sûr, je peux voir votre ordonnance ?
– Heu… Je n'en ai pas… Mais j'ai apporté une photo de ma femme !

Photographe

Un photographe s'apprête à prendre la photo de groupe d'un mariage. Parmi les invités, un bègue et un bossu prennent la pose côte à côte. Le bossu dit au bègue :
– Ne parle pas, sinon tu seras flou sur la photo !
Et le bègue lui répond :
– Bai… Bai… Baisse-toi, sinon on p… pourra pas fermer l'album !

Pilote

Flash info
Un avion de la compagnie aérienne Air Congo s'est écrasé en Belgique. Les secours dépêchés sur place ont malheureusement dû trancher la tête du pilote congolais pour récupérer la boîte noire.

Portier

On ne dit pas « un ouvre-boîte ».
Mais on dit… « un portier de boîte de nuit » !

Prostituée

Une prostituée est à nouveau enceinte. Sa collègue de travail lui demande :
– J'espère que cette fois-ci tu connais le père !
– Dis-moi, quand tu manges une boîte de fayots, tu sais lequel te fait péter, toi ?

Psychanalyste

Une femme entre dans le bureau d'un psychanalyste et dit :
– Docteur, tout le monde m'ignore…
Et le psy :
– Personne suivante !

Psychiatre

Un type se confie à son psychiatre :
– Parfois, j'ai l'intime conviction d'être un poulet !
– Ah ? Et depuis quand pensez-vous cela ? demande le psychiatre.
– Depuis l'œuf !

Scientifique

Trois scientifiques, un Anglais, un Français et un Belge, ont une discussion.
– Pour moi, dit l'Anglais, la chose la plus rapide au monde est la lumière. Rien ne peut battre la vitesse de la lumière !
– Si ! affirme le Français. La chose la plus rapide au monde, c'est la pensée ! La pensée est immédiate, donc plus rapide que la lumière !
Le Belge prend la parole à son tour :
– Vous dites n'importe quoi ! La chose la plus rapide au monde, c'est la diarrhée ! Tu n'as pas le temps d'allumer la lumière, tu n'as pas le temps de penser, que tu es déjà dans la merde !

Vendeur

Pourquoi les vendeurs de savon gagnent-ils bien leur vie ?
Parce que leurs clients les savent honnêtes.

Voleur

Un homme est réveillé par un craquement de plancher…
Il se lève sans faire de bruit, s'avance prudemment jusque dans le couloir et surprend un cambrioleur !
– Mais… Mais… qu'est-ce que vous faites là ? bafouille-t-il.
Et le voleur lui répond :
– Mêle-toi de tes affaires, OK !

Le bêtisier des contribuables

– Combien faut-il que je vous donne pour que je ne vous donne rien ?
– Réglez le montant de vos impôts, et vous n'aurez plus rien à donner !

•••

– J'ai bu tout l'argent des impôts…
– Je ne comprends pas, vous avez bu un pot ?

•••

– Dans quel cas les animaux comptent-ils pour la part d'un enfant ?
– Lorsque vous les avez mis au monde.

•••

– Je me suis juste trompé d'un zéro, c'est pas grave quand même !
– Non… Mais j'espère que l'on ne se trompera pas d'une virgule !

•••

– Bon. Si j'ai bien compris, je ne peux pas le déduire de mes revenus… Mais pourquoi ça a marché les autres années ?
– Vous faites bien d'en parler… Voyons ?

•••

– C'est quoi la marge d'erreur légale ?
– Celle de ne pas se faire prendre…

•••

– Je viens pour ma femme, j'aimerais qu'on m'aide à la remplir.
– Vous parlez de sa déclaration ?

•••

– Avant de remplir ma déclaration, je souhaitais savoir : combien faut-il que je mette pour ne rien payer ?
– Ne déclarer aucun revenu est le moyen plus sûr pour ne rien payer, mais c'est aussi le plus risqué… Vous pouvez me rappeler votre nom ?

•••

– Je voulais savoir si vous faites des crédits sur les impôts, et si oui, à quel taux ?
– Mais bien entendu ! La première majoration lorsque l'impôt n'est pas acquitté est de 10 % du montant de votre impôt !

•••

– Si ma femme était morte, est-ce que je payerais moins cher ?
– Il y a mieux : si vous mourez, vous n'aurez rien à payer !

•••

– Il faut faire un choix : vous payez ou vous changez de voiture ! Et c'est vraiment dommage : nous ne vendons pas de voitures !

•••

– Je ferai un petit effort si vous faites un petit geste…
– Je fais un petit effort, je vous prête un stylo. Faites un petit geste, signez un chèque.

•••

– Vous n'avez qu'à demander de payer mes impôts à quelqu'un d'autre qui a de l'argent !
– Ce n'est pas possible, c'est lui qui nous envoie !

•••

– Mais le tiers provisionnel, c'est bien 25 % des impôts, non ?
– Dites 33…

•••

– Avec mon mari, nous avons quatre enfants dont trois sont à moi et dont deux sont à nous !
– Attendez, attendez... Vous pouvez recompter ?

•••

– Combien d'enfants faut que je fasse pour payer le moins ?
– Le plus possible. Et lorsque vous ne pourrez plus, vous pourrez toujours en adopter !

•••

– Je vous préviens que j'ai mis des croix au hasard partout où je ne savais pas !
– Oui, mais ici c'est le Trésor public. Pas la Française des jeux !

•••

– Je ne peux pas payer, ma banque ne veut plus me donner d'argent !
– Mais peut-être qu'à nous, elle en donnera...

•••

– J'ai changé de mari cette année. Lequel je choisis ? Celui qui m'avantage le plus au niveau de la déclaration ?
– Si ce n'est pas le second, vous auriez eu tort d'en changer !

•••

– Je n'ai pas rempli ma déclaration parce que je n'ai pas eu le temps et il fallait la renvoyer ! Comme ça, vous ne pouvez pas me reprocher de ne pas avoir fait ma déclaration !
– Oui, tout à fait. Par contre, vous avez fait une fausse déclaration...

•••

– J'ai oublié de remplacer ma femme!
– Trop tard. L'année prochaine?

•••

– Combien vaut mon fils?
– Je n'ai pas consulté les cours de la Bourse…

•••

– Mon fils a droit à sa part?
– Une demi-part…

•••

– Vous accepté le tiers payant?
– Non, seulement le tiers provisionnel.

•••

– Veuillez m'excuser, ma déclaration est pleine de taches, c'est une erreur…
– Tant que ce n'est pas le contraire…

•••

– Mon mari est mort. J'en fais quoi?
– J'espère que vous avez fait le nécessaire. Concernant votre déclaration…

•••

– Ma femme, je peux vous la faxer?
– Je préfère qu'elle vienne nous voir!

•••

– Je n'ai pas de conjointe, je mets qui?
– Vous mettez qui vous voulez…

•••

– Je suis désolée, mon fils a fait des dessins partout sur la déclaration…
– Et c'est aussi lui qui a écrit comme un cochon ?

•••

– Je vous dois quelque chose, fainéante ?
– À moi, le respect. Au fisc, de l'argent.

•••

– Il me faudrait une autre feuille pour ma déclaration. J'étais énervé, je m'en suis servi pour autre chose, si vous voyez ce que je veux dire…
– Parfaitement. Vous la désirez en format A4 ou bien en rouleau ?

•••

– J'avais plus d'encre, j'ai remplacé par du café…
– Alors pour une fois l'addition risque d'être sucrée !

Le troisième âge

• **Un vieux couple regarde une émission de télévision où un charlatan prétend pouvoir guérir tous les maux à distance…**
– Il vous suffit de mettre votre main gauche sur la partie qui vous fait souffrir et d'orienter la paume de votre main droite vers votre poste de télévision.
Le vieil homme se met alors la main gauche entre les jambes et oriente sa main droite vers la télé. Sa femme le regarde et lui dit :
– Il a dit qu'il guérissait les malades, pas qu'il ressuscitait les morts !

• **Une très vieille femme assiste à l'incinération de son mari.** L'homme qui organise la crémation demande à la vieille dame :
– Quel âge avait votre mari ?
– 95 ans…
– Et vous ? Puis-je vous demander votre âge ?
– J'ai 98 ans !
– Hou là là ! Et vous croyez que ça vaut la peine de rentrer à la maison ?

• **Un homme dit à un ami :**
– Je vais épouser une jeune fille de 20 ans !
Son copain est choqué :
– Ça va pas ! Tu as perdu la tête ? Tu sais que tu as 80 ans ? Imagine… Dans dix ans, tu auras 90 ans et elle 30 !
– Je sais… J'y ai pensé. Mais qu'est-ce qui m'empêche, à ce moment-là, d'en épouser une autre de 20 ans ?

• **Une dame de 77 ans fait la rencontre d'un homme de 60 ans dont elle tombe éperdument amoureuse.** Le problème, c'est qu'elle adore le sexe alors que son nouveau fiancé vit toujours chez sa mère très âgée et qu'il n'a jamais eu de relations sexuelles avec aucune femme ! Sa mère, très possessive, lui a toujours expliqué que le sexe des femmes avait des dents et que le risque était de se faire mordre le pénis ! Mais la dame de 77 ans ne désespère pas et se décide à montrer à son fiancé que sa

mère lui a toujours menti. Elle l'amène dans sa chambre, enlève sa culotte, puis s'assoit sur le lit en écartant les jambes. Elle lui dit alors :
– Tu vois ? Je n'ai pas de dents… Il n'y a donc pas de danger !
L'homme lui répond :
– Tu n'as peut-être pas de dents, mais quand je vois l'état de tes gencives, je comprends ma mère !

• **Un fils accompagne son père dans une maison de retraite…**
– Tu verras, tu seras bien ici. Tu seras en sécurité.
– Tu te débarrasses de moi ! Dans ces maisons, on nous maltraite et on nous fait manger de la merde !
Le lendemain, le fils téléphone à son père pour prendre de ses nouvelles…
– Alors, comment ça se passe !
– Ben… La bouf est dégueulasse, comme je t'ai dit ! Par contre, ce matin, une infirmière est venue faire ma toilette et… j'ai eu une érection ! Je crois que je vais vite m'habituer à cet endroit !
– Merveilleux papa ! Je te rappellerai bientôt !
Le vieil homme raccroche et sort de sa chambre pour rejoindre la salle commune. Malheureusement, il trébuche dans le couloir et tombe par terre. Alors qu'il est à quatre pattes en train d'essayer vainement de se relever, un infirmier lui baisse son pantalon et en profite pour le sodomiser ! Quatre jours plus tard, le fils rappelle son père…
– Alors, comment vas-tu ?
– Mal, très mal ! Viens vite me chercher !
– Mais la dernière fois tu semblais ravi ?
– Oui mais… une érection, je l'aurai peut-être une ou deux fois par an. Par contre, je tombe trois fois par jour !

• **« Je vous en prie, madame, asseyez-vous.**
– Non merci, jeune homme, je descends au prochain arrêt !
– Mais vous êtes dans un parc, madame…

• On ne dit pas « prendre un coup de vieux ».
Mais on dit… « se faire frapper par une personne âgée » !

• Une veuve assiste à l'incinération de son défunt mari. Une heure plus tard, le responsable de la crémation annonce à la femme :
– Je ne sais pas ce qui s'est passé… le cercueil a brûlé mais le corps est encore intact !
– Ça ne m'étonne pas, ça fait plus de vingt ans qu'il est sous anti-inflammatoires !

• Une mamie arrive au pied de son HLM en poussant un Caddie plein de courses. À l'entrée, une bande de jeunes lui barre le passage. Ils sont assis sur les marches, écoutent de la musique et fument. La mamie habite au 12e étage et l'ascenseur est en panne depuis dix-huit mois. Elle demande aux jeunes :
– Jeunes hommes, pourriez-vous s'il vous plaît m'aider à porter mes courses jusqu'à chez moi, au 12e ?
– T'es ouf, la vieille ? C'est quoi ton délire ? T'as qu'à monter tes sacs un par un, on surveille ton Caddie…
– Je vous récompenserai ! Je vous donnerai un peu de shit…
– Trop cool, la vieille !
Et les jeunes se jettent sur les sacs pour les monter jusqu'au 12e.
– Si vous me portez, ajoute la mamie, vous aurez double ration de shit !
– Ok, je t'grimpe !
Les jeunes commencent l'ascension des étages en portant la mamie et ses sacs. Comme c'est lourd, ils font des petites pauses tags à chaque étage. Arrivés au 12e, ils sont morts d'épuisement.
– Ça y est, on est chez toi. Tu files le Shit maintenant ?
– Oui, mes petits, dit la mamie en sortant deux bouteilles. Que préférez-vous : Shit citron ou Shit orange ?

• **Dans le métro, un jeune homme, qui mâche bruyamment son chewing-gum la bouche ouverte, s'assoit à côté d'une grand-mère.** Au bout de quelques minutes, cette dernière lui dit :
– Parle plus fort, jeune homme ! Je suis un peu sourde !

• **Un papy fait des compliments à sa femme.**
– Quand tu étais jeune, tu voulais ressembler à Brigitte Bardot.
– Oh oui ! C'est vrai…
– Eh bien maintenant, tu lui ressembles…

• **Un vieux couple discute.**
– Depuis quarante ans que nous sommes mariés, dit le vieux monsieur à sa femme, tu ne t'es jamais mise en colère. Comment fais-tu pour te contrôler ?
– Parce qu'à chaque fois que j'ai eu envie de t'engueuler, je suis partie nettoyer les toilettes.
– Et ça suffisait à te calmer ?
– Oui, j'utilisais ta brosse à dents.

• **Un jeune homme de 20 ans dit :**
– Moi, je bande même quand je ne veux pas !
Un homme de 30 ans lui répond :
– Moi, je bande quand je veux !
Un homme de 60 ans leur dit :
– Bah moi, je bande quand je peux !
Un homme de 80 ans les regarde et leur lance :
– Bande de cons !

• **Un punk avec une crête iroquoise monte dans un bus.** Il s'assoit en face d'un vieux monsieur qui se met à fixer la coiffure multicolore du punk… Au bout d'un moment, cela énerve le jeune homme, qui lui lance :
– Qu'est-ce que t'as, papy ? Ma tête te revient pas ?
Le vieux monsieur lui répond :

– Non, elle ne me revient pas…
– Tu te fous de ma gueule ?
– Non ! Oh, non ! Seulement, je réfléchissais… Je me demandais si tu pouvais être mon fils.
– Fais gaffe à ce que tu vas dire, vieille peau. Pourquoi est-ce que je serais ton fils ?
– Ben… Un jour, quand j'étais jeune et un peu fou, comme toi, j'avais enculé un perroquet…

• **Un couple de personnes âgées va, comme chaque année, rendre visite à son médecin pour un bilan de santé.**
Le docteur examine d'abord le mari :
– Tout va pour le mieux, monsieur. Vous ne pouvez pas être plus en forme que vous ne l'êtes à votre âge. C'est vraiment formidable. Avez-vous des questions à me poser concernant votre santé ?
Le monsieur lui répond :
– Eh bien, à vrai dire oui. J'ai un petit souci d'ordre personnel… Quand je fais l'amour à ma femme, la première fois, j'ai chaud comme ce n'est pas permis ! Mais par contre, quand on fait ça la deuxième fois, j'ai très froid. Docteur, vous ne pouvez pas savoir comme j'ai froid !
Le docteur lui répond :
– Ce ne doit pas être bien grave. Je vais effectuer quelques recherches concernant ces symptômes… Allez, vous pouvez rentrer chez vous. Dites à votre femme qu'elle peut venir, c'est à son tour.
Le vieux monsieur dit au revoir au médecin et va s'asseoir dans la salle d'attente pendant que sa femme lui succède. Le docteur effectue son examen qui est tout aussi satisfaisant que celui de son mari :
– Vous êtes en pleine forme, madame. Tout va pour le mieux. Votre mari va très bien aussi. Cependant, il m'a fait part du problème qu'il a lorsqu'il vous fait l'amour… La première fois, il

a très chaud. Et la seconde fois, il se met à avoir très froid. Vous avez une idée là-dessus ?
La petite vieille lève les yeux au ciel et lui dit :
– Quel bougre d'andouille ! Bien entendu ! La première fois qu'il me fait l'amour, c'est au mois de juin. Et la seconde, au mois de décembre…

François Hollande & Co

• **Quels sont les jeux préférés de François Hollande?**
Les échecs et les dames!

• **Pourquoi les « sans-dents » n'aiment-ils pas François Hollande?**
Parce qu'il a eu la dent dure avec eux.

• **Le président François Hollande consulte une voyante.**
– Pouvez-vous me prédire mon avenir proche? lui demande-t-il.
La voyante passe ses mains au-dessus de sa boule de cristal et dit:
– Oui, je vois… Je vois… Je vois une grande voiture noire.
– Ah! Ma voiture de fonction! Je serai donc encore président l'année prochaine! Que voyez-vous d'autre?
– La voiture noire… Beaucoup de gens autour… Une foule considérable qui fait la fête… Elle scande votre nom! Les gens dansent…
– Le peuple de France me remercie d'avoir redressé la situation du pays! Pouvez-vous voir si je suis ému?
– Non, je ne peux pas: le cercueil est fermé!

• **Un journaliste demande à François Hollande:**
– Valérie Trierweiler dit dans son livre que vous avez un petit pénis. Qu'avez-vous à répondre à cela?
– Que Valérie Trierweiler a une grande gueule!

• **Une enseignante demande à chacun des élèves de sa classe la profession de leur mère.** L'une est infirmière, l'autre est vendeuse, une autre coiffeuse, secrétaire… Puis, c'est au tour d'un petit garçon de répondre:
– Que fait ta mère? lui demande sa maîtresse.
– Elle est gogo danseuse dans un club, répond le garçon. Elle se déshabille pour inciter les clients à boire et, de temps en temps, elle accepte de coucher avec un, contre de l'argent.
Choquée par ces révélations, l'enseignante cesse d'interroger

ses élèves et passe à autre chose. Vient le moment de la récré et le meilleur copain du garçon dont la mère est strip-teaseuse lui demande :

– C'est vrai que ta mère fait ce métier ?

– Non. En fait, elle travaille au Parti socialiste. Mais je n'allais pas dire ça devant toute la classe, c'est trop la honte !

• Quel point commun y a-t-il entre les tulipes et les emmerdes ?

Les deux viennent de Hollande.

• Comment appelle-t-on un homme politique avec un QI de 30 ?

En composant le numéro de François Hollande !

• *Flash info*

DSK vient d'être réengagé au FMI. Son nouveau travail consistera à monter Lagarde…

• Quel point commun y a-t-il entre un club échangiste et un isoloir ?

Une fois à l'intérieur, on n'a plus qu'à choisir par qui on veut se faire enfiler !

• Un homme, qui réalise une traversée à pied du désert, bute contre une lampe magique… Il la sort du sable, la nettoie et un génie en sort :

– Tu as le droit de faire un vœu ! lui dit le bon génie.

– Ce n'est pas trois d'habitude ?

– Si, mais là, j'ai trop chaud. Quel est ton vœu ?

L'homme prononce alors le vœu suivant :

– Je voudrais que tu règles tous les conflits qu'il y a au Moyen-Orient : Israël, la Palestine, l'Irak, la Syrie, l'Iran, le Liban…

– Hop ! Hop ! Hop ! fait le génie. Je ne peux pas faire de miracles ! Trouve-toi un autre vœu !

L'homme réfléchit un instant et fait un autre vœu :
– Je voudrais que François Hollande parvienne à redresser la situation économique de la France !
Le génie soupire et lui répond :
– Allez, c'est bon, passe-moi cette foutue carte du Moyen-Orient !

• **On ne dit pas « s'engager dans la marine ».**
Mais on dit… « faire l'amour à Le Pen ».

• **Pourquoi les toilettes sont-elles le meilleur endroit pour écouter François Hollande ?**
Parce qu'on est sûr d'en sortir soulagé !

• **Manuel Valls téléphone à François Hollande.** Son secrétaire lui répond :
– Je suis navré, monsieur le Premier ministre, mais le président n'est pas là.
– Il ne travaille pas le matin ?
– Ah non, c'est l'après-midi qu'il ne travaille pas. Le matin, il ne vient pas.

• ***Flash info***
François Hollande souffrirait de terribles insomnies qui le feraient se réveiller tous les deux ou trois jours…

• **François Hollande convoque son Premier ministre et lui annonce :**
– Je vais prendre quelques jours de vacances !
– Ah bon ?
– Que voulez-vous, je ne peux pas rester à rien faire !

• **Un journaliste interviewe Valérie Trierweiler.**
– Lorsque vous partagiez la vie du président, vous est-il arrivé de travailler dans son bureau ?
– Quand on partage le même bureau que François Hollande, il est impossible de travailler !
– Il y a trop d'agitation ?
– Non, il ronfle !

• **Quelle différence y a-t-il entre le bois et François Hollande ?**
Le bois, ça travaille toujours !

• **Le couple François Hollande, Julie Gayet ainsi que tous les membres du gouvernement assistent à la projection du dernier film de l'actrice.** Le film a commencé depuis une dizaine de minutes quand Julie Gayet donne un coup de coude à François Hollande :
– Regarde ! Quelle honte ! Ton Premier ministre est en train d'envoyer des SMS au lieu de regarder le film !
– Hein ? Pffff… c'est pas une raison pour me réveiller !

• **François Hollande tente de reconquérir le cœur de Valérie Trierweiler et l'invite à dîner.**
– Depuis que tu n'es plus là, lui avoue-t-il, je me sens laid. Quand le matin je me regarde dans le miroir, je me vois gros, la peau grasse et pleine de boutons, le sourire niais… Tes compliments me manquent…
– Tu en veux un ?
– Oh oui !
– Tu as une excellente vue !

• **Pourquoi François Hollande n'aime-t-il pas les « sans-dents » ?**
Parce qu'ils ont une dent contre lui !

• **La maîtresse demande à sa classe :**
– Que fait le verbe recevoir à la troisième personne du pluriel du subjonctif imparfait ?
Le petit DSK lève la main et répond :
– Qu'elles reçussent !

• **Quelle différence y a-t-il entre une fée et un président compétent ?**
Aucune, on aimerait que les deux existent !

• **Sujet de mathématiques**
Sachant que DSK a payé Nafissatou Diallo 1 million de dollars et qu'1 dollar vaut 0,77 euro, combien François Hollande devra-t-il payer après avoir baisé 65 millions de Français ?

• **Comment notre société fonctionne :**
1 – Le pauvre travaille.
2 – Le riche exploite le 1.
3 – Le soldat défend le 1 et le 2.
4 – Le contribuable paye pour les trois.
5 – Le vagabond se repose pour les 1, 2, 3 et 4.
6 – L'alcoolique boit pour les cinq.
7 – Le banquier escroque les 1, 2, 3, 4, 5 et 6.
8 – L'avocat trompe les sept.
9 – Le médecin tue les huit.
10 – Le croquemort enterre les neuf.
11 – Et l'homme politique vit des dix !

• **François Hollande demande à Angela Merkel :**
– Si la fin du monde était imminente, que souhaiteriez-vous faire avant ?
Angela Merkel répond instantanément :
– Devenir française !
– Ah bon ? C'est un honneur. Mais pourquoi ?
– Parce que vous avez vingt ans de retard !

• **Pourquoi Arnaud Montebourg a-t-il le dos qui pue?**
Parce qu'il pète plus haut que son cul!

• **Comment Arnaud Montebourg peut-il se suicider?**
En se tirant une balle de 15 centimètres au-dessus de sa tête, en plein dans son complexe de supériorité!

• **Arnaud Montebourg, Cécile Duflot et DSK visitent une laiterie en Normandie.** Arnaud Montebourg dit:
– Moi, je ne bois que du lait de vaches françaises! Il est bien meilleur!
– Je préfère le lait de soja, il est bien plus sain! lui répond Cécile Duflot.
– Et moi, dit DSK, je ne bois que du lait de femmes.
– Mais pourquoi? demandent en chœur Cécile Duflot et Arnaud Montebourg.
– À cause de l'emballage!

• **Quelle différence y-t-il entre François Hollande et une calculatrice?**
On peut compter sur une calculatrice.

• **Le président François Hollande visite une école primaire.**
– Qu'étiez-vous en train de leur apprendre? demande-t-il à l'institutrice.
– Nous apprenions la différence qu'il peut y avoir entre un accident, une « grande perte » et une tragédie.
– Ah bon? fait François Hollande. Et... Quelqu'un dans la classe peut-il me donner un exemple d'accident?
Un garçon lève la main et répond:
– Par exemple, si je tombe de l'échelle et que je me casse un bras, c'est un accident!
– Oui, c'est ça. Quelqu'un a-t-il un exemple pour illustrer ce qu'est une « grande perte » ?
Un garçon répond:

– Ben… Si tous les enfants prennent le bus, que le bus tombe au fond d'un ravin et que nous sommes tous morts, c'est une grande perte !
– Oh oui ! Ce serait une grande perte pour nous tous ! dit François Hollande. Et la tragédie ? Quelqu'un peut-il donner un exemple ?
Une petite fille se lève et dit :
– Si vous êtes dans votre avion présidentiel et que votre avion s'écrase… ce serait une tragédie !
– Absolument ! C'est tout à fait vrai, ce serait une tragédie. Et peux-tu expliquer pourquoi à tous tes camarades ?
– Ben… Vu que ce ne serait pas une grande perte et certainement pas un accident, c'est que c'est une tragédie.

• **Marine Le Pen entre dans un restaurant musulman avec une truie en laisse.**
– Ramenez cette truie d'où elle vient ! hurle le patron.
– Ok, ok ! Je la ramène, répond le cochon.

• **Pourquoi Marine Le Pen est-elle heureuse lorsqu'elle est soucieuse ?**
Parce qu'elle aime broyer du noir.

• **Deux amis parlent de politique et de François Hollande.**
– Pour moi, dit l'un, François Hollande c'est une tortue piquet !
– Une quoi ?
– Une tortue piquet ! Tu ne sais pas ce que c'est ?
– Bah non…
– Alors imagine que tu te promènes sur un chemin de campagne… Soudain, tu aperçois une tortue posée sur un piquet de clôture ! Eh bien, on sait qu'elle n'est pas arrivée là toute seule, on voit bien qu'elle n'est pas à sa place, qu'elle ne sait pas quoi faire ici, qu'elle est dans l'incapacité de faire quoi que ce soit, et on se demande quels sont les idiots qui l'ont mise ici. Hollande, c'est une tortue piquet !

• **À bord de son avion présidentiel, François Hollande explique au pilote la différence qu'il y a entre Nicolas Sarkozy et lui.**
– Avec 500 euros à sa disposition, dit-il, Sarkozy va jeter 5 billets de 100 euros par le hublot pour faire 5 heureux. Moi, je préfère jeter 500 pièces d'1 euro par le hublot et faire 500 heureux !
Le pilote lui répond :
– Bah moi, répond le pilote, je ne sais pas ce qui me retient de vous jeter par le hublot pour faire 60 millions d'heureux !

• **Depuis plusieurs mois, les services des urgences de tous les hôpitaux de France sont débordés.** Chaque jour, des milliers de Français se rendent à l'hôpital avec les doigts meurtris, en sang, voire même amputés. Un journaliste américain interviewe un responsable d'un service des urgences.
– Depuis ce matin, j'ai pu constater que des centaines de personnes sont venues se faire soigner, elles avaient tous les doigts en sang. Ce phénomène dure-t-il depuis longtemps ?
– En fait, oui. Et cela ne cesse d'empirer, de plus en plus de monde vient nous consulter pour la même chose.
– S'agit-il d'une épidémie ? Est-ce que cela risque de m'arriver ?
– Non, mais tout dépend de ce que vous avez fait au mois de mai 2012.
– Je ne m'en souviens pas. Mais tous ces gens, qu'ont-ils fait ?
– Ils ont voté François Hollande, et depuis, ils s'en mordent les doigts !

• **Pourquoi les Français n'ont-ils plus de testicules ?**
Parce qu'ils ont voté François Hollande et qu'ils s'en sont bouffé les couilles !

• **Nicolas Sarkozy se rend à Colombey-les-Deux-Églises et se recueille sur la tombe du général de Gaulle.** Soudain, il entend une voix venue de nulle part lui dire :

– Nicolas, amène-moi un cheval!
Nicolas Sarkozy se retourne, cherche partout mais ne voit personne… Il entend de nouveau la voix d'outre-tombe:
– Nicolas, amène-moi un cheval!
Nicolas Sarkozy s'enfuit du cimetière et se rend directement chez son médecin, à qui il explique entendre des voix. Ce dernier l'ausculte mais conclut qu'il est en parfaite santé, avec peut-être un peu de surmenage, mais rien qui justifie qu'il puisse entendre des voix. Deux mois plus tard, Nicolas Sarkozy retourne sur la tombe du général de Gaulle et entend de nouveau:
– Nicolas, amène-moi un cheval!
Cette fois-ci, ça ne fait plus de doute, c'est le général de Gaulle qui lui parle! Fier comme un coq, il en parle à François Hollande et réussit à convaincre ce dernier de venir avec lui constater que de Gaulle lui parle. Les deux hommes se présentent alors devant la tombe du général et on entend ce dernier dire:
– Nicolas, je t'avais demandé un cheval, pas un âne!

• **Dans un bar super branché, c'est un robot de la toute dernière génération qui sert les clients.** Un homme s'installe au bar et le robot lui demande:
– Quel est votre QI? Que souhaitez-vous boire?
– 140. Un whisky, s'il vous plaît.
Le robot lui sert un whisky et engage la conversation.
– À votre avis, que pouvons-nous faire pour résoudre la crise économique actuelle?
Puis un autre client arrive et le robot lui demande:
– Quel est votre QI? Que souhaitez-vous boire?
– 100. Une bière, s'il vous plaît.
Le robot lui sert une bière et lui dit:
– Vous avez regardé le match de l'OM? Vous en pensez quoi de ce nouveau stade?
Un autre client arrive…

– Quel est votre QI ? Que souhaitez-vous boire ?
– 80. Un pastis, s'il vous plaît.
Le robot sert le pastis et lui demande :
– Vous jouez quoi dans la cinquième course ?
Un nouveau client s'installe au bar...
– Quel est votre QI ? Que souhaitez-vous boire ?
– 30. Un café, s'il vous plaît.
Le robot le sert et lui demande :
– Alors, pas trop déçu d'avoir voté François Hollande ?

• **Un type contemple une voiture chez un concessionnaire.** Un vendeur lui fait alors une démonstration du tout nouvel autoradio qui équipe le véhicule.
– Vous ne verrez ça nulle part ailleurs ! lui dit le vendeur. Il vous suffit de demander au poste quel chanteur vous souhaitez écouter ! Allez-y, je vous laisse faire. Essayez !
Le client dit alors :
– Halliday.
Et l'autoradio lui répond :
– Johnny ou David ?
Il fait aussitôt un nouvel essai :
– Iglesias.
– Julio ou Enrique ?
Séduit par ce gadget technologique, l'homme achète la voiture et repart avec. Il se gare en bas de chez lui, sort de la voiture et laisse le moteur tourner le temps de sonner à sa porte pour que sa femme vienne voir sa nouvelle acquisition. Malheureusement, à peine a-t-il tourné le dos à sa voiture qu'un voleur entre dedans et démarre en trombe. Le pauvre homme a juste le temps de hurler :
– Voleur !
Et pendant que la voiture s'éloigne, il entend l'autoradio répondre :
– Hollande ou Cahuzac ? Morelle ou Thévenoud ?...

• **Quelle différence y a-t-il entre un voleur en Arabie et un voleur en France ?**
En Arabie, les voleurs sont amputés, en France ils sont députés.

• **Quel point commun y a-t-il entre la couche d'un bébé et le président de la République ?**
Il faut souvent en changer, et pour les mêmes raisons !

• **Dieu demanda à Nafissatou de répondre au téléphone, et Nafissatou Diallo.**

• **François Hollande livre des croissants et sa popularité va décroissant…**

• **Quelle différence y a-t-il entre une carpe et Arnaud Montebourg ?**
La carpe est muette même lorsqu'elle a quelque chose à dire alors qu'Arnaud Montebourg parle même quand il n'a rien à dire !

• **Quel point commun y a-t-il entre un Kinder et le gouvernement Hollande ?**
Ils réservent bien des surprises !

• **Hollande et Valls sont dans un bateau.** Ils tombent à l'eau. Qui est sauvé ?
La France !

• **Hollande et Trierweiler sont dans un bateau.** Hollande tombe à l'eau… Qui a poussé Hollande ?

• **Hollande est dans un bateau.** Il se noie. Pourquoi ?
À force de couler dans les sondages…

• **Hollande et les Français sont tous dans le même bateau.** Le bateau coule…

• **L'Organisation mondiale de la Santé reçoit le président Hollande pour lui demander quelles sont ses intentions en matière de lutte contre le sida.** Le président explique :
– Bah… rien. J'ai l'intention de ne rien faire… Voyez-vous, moi président de la République, je baise mon pays tous les jours et je n'ai jamais rien attrapé !

• **Hollande visite une maternité.** Dans la chambre d'une jeune maman, il se penche au-dessus du berceau du nouveau-né et a la surprise de constater que le bébé lui ressemble étrangement ! Il a le cheveu rare, la peau grasse et boutonneuse, le sourire niais et le Babygro de travers. Il en fait d'ailleurs la remarque à sa maman :
– C'est étonnant, ça ! Vous avez vu comment il me ressemble, votre enfant ?
– Oui, je sais… répond la mère en fondant en larmes.
– Allons ! Allons ! Ce n'est pas grave, ça ! Il est quand même très mignon, votre bébé !
– Oui, mais il vous ressemble trop !
– C'est vrai, c'est incroyable. Votre mari me ressemble peut-être ?
– Non, mais il a voté pour vous en 2012 !
– Et alors ? Je ne vois pas le rapport ?
– Ben… Tous les soirs, quand il rentre à la maison, il me dit : « Hollande, maintenant, j'en ai vraiment plein les couilles !!! »

• **Lorsque Dieu créa le monde, il décida d'offrir deux vertus à chaque peuple :**
Les Suisses seront précis et pacifistes ;
Les Anglais flegmatiques et ironiques ;
Les Japonais travailleurs et réalistes ;
Les Italiens joyeux et humanistes ;

Les Français intelligents, désintéressés et socialistes.
Un ange chargé de faire la distribution des vertus à chaque peuple va voir Dieu…

– Dieu, je crois que vous avez commis une erreur !
– Ah bon ? Déjà ?
– Oui, vous deviez donner deux vertus à chaque peuple et vous en avez donné trois aux Français !
– Ouf! Non, ce n'est pas une erreur, lui répond Dieu.
– Mais, reprend l'ange, cela ne risque-t-il pas de créer des jalousies ? Les jalousies n'entraînent-elles pas des conflits et les conflits des guerres ?
– Je n'ai pas donné trois vertus aux Français mais bien deux : si un Français est socialiste et désintéressé, il ne sera pas intelligent. S'il est socialiste et intelligent, il ne sera pas désintéressé, et s'il est intelligent et désintéressé, il ne peut pas être socialiste…

• **D'après un sondage réalisé auprès de femmes actrices, maires, ministres et journalistes, à la question « Aimeriez-vous faire l'amour avec François Hollande ? » :**

– 10 % sont sans opinion ;
– 5 % ont répondu « non » ;
– 15 % ont répondu « oui » ;
– 70 % ont répondu « plus jamais ».

• **Quelle différence y a-t-il entre un oiseau et Jérôme Cahuzac?**

Un oiseau fait son nid et Jérôme Cahuzac nie ses fonds.

Sacrée famille !

• **Tout en consultant Google Map sur son téléphone portable, une jeune fille demande à son père :**
– La Grèce, c'est où ?
– Sur le cul de ta mère !

• **Un type se confie à un copain…**
– De toute façon, mon père, c'était un branleur !
– Pourquoi dis-tu cela ?
– Parce que je suis un bébé-éprouvette !

• **Lors d'une réunion de famille, une femme annonce sa grossesse à ses proches.** Tout le monde se lève pour la féliciter et lui caresser le ventre. Excédé, le mari dit soudain :
– Et moi, personne ne me félicite en me caressant les couilles ?

• **Une jeune fille, prostituée de métier, vit encore chez sa grand-mère, qui l'a adoptée à la mort de ses parents.** La jeune fille a toujours caché à sa mémé ce qu'elle faisait de ses journées… Un jour, la grand-mère croise par hasard sa petite-fille dans la rue alors qu'elle racole sur le trottoir, en compagnie d'autres prostituées. La mémé lui demande :
– Qu'est-ce que tu fais là, ma petite, avec toutes ces dames ?
Extrêmement gênée, la fille lui répond :
– Heu… On attend. Il paraît qu'il va y avoir une distribution d'oranges gratuites !
– Ah, bon ? Alors, j'attends avec vous !
Un court instant plus tard, la police arrive et embarque tout le monde au commissariat. Là, un policier demande à la mémé :
– Franchement, madame… Les autres d'accord, mais vous ! À votre âge ! Comment faites-vous ?
– Oh… J'ai un truc ! J'enlève mon dentier, je retire un peu la peau et je les suce à fond !

• **Un soir, un père ramène à la maison un robot détecteur de mensonges.** Il annonce à sa femme et à son fils :
– Chaque fois que l'on dit un mensonge, le robot donne une gifle ! On va le tester ! Où étais-tu cet après-midi ? demande-t-il alors à son fils.
– À l'école, pourquoi ? répond le fils.
Et le robot gifle le fils !
– Ok… Ok… Je suis allé chez un copain…
– Ah ! fait le père. Et vous avez fait quoi ?
– On a regardé le DVD de *Pirates de Caraïbes*, papa.
Et pan ! Le robot gifle encore le fils.
– Bon, d'accord… On a regardé un film porno…
– Un film porno ! s'écrie le père. À ton âge ? Mais à ton âge, je ne savais même pas ce que c'était !
Et vlan ! Le robot gifle le père. La mère éclate alors de rire et dit :
– Ah ! Ah ! Ah ! C'est bien ton fils, ça !
Et pan ! Le robot gifle la mère…

• **Un homme annonce à sa femme :**
– Je te signale que ton fils a mis la voisine enceinte !
– D'abord ce n'est pas « mon » fils, c'est « notre » fils. Ensuite, je ne vois pas comment il pourrait mettre la voisine enceinte, il n'a que 7 ans !
– Il a fait des trous dans mes préservatifs !

• **Un petit garçon se promène avec son papa.** Il voit un chien en train de grimper une chienne et interroge son père :
– Qu'est-ce qui fait le chien, papa ?
– Ben… La chienne veut aller se promener et… Et le chien la retient pour la ramener dans sa niche !
– Ah bon ? Alors heureusement que maman était accrochée au lavabo hier !
– Pourquoi ?
– Parce que le facteur voulait l'emmener à la poste !

• **Un enfant demande à son père :**
– Combien ça coûte, un mariage ?
– J'en sais rien, je paye encore !

• **Un petit garçon dit à sa maman…**
– Je me demande bien ce que je vais avoir à Noël ! Ça me tarde !
– Tu sais ce que c'est, Noël ?
– Oui, c'est quand le Père Noël passe !
– Noël, reprend la maman, c'est l'anniversaire du petit Jésus.
– Ah ?
– Eh oui ! Ce n'est pas toi, le petit Jésus ?
– Non.
– Donc… pas de cadeau !

• « **Dis, maman, je peux me maquiller ?**
– Non.
– Alors, je peux mettre une minijupe ?
– Pas question !
– Et un string ? Je peux quand même mettre un string ?
– Je te dis non !
– Mais enfin maman, j'ai 16 ans !
– Je sais, Mathieu, je sais… »

• **Un jeune homme belge encore puceau va voir son père pour lui parler de son désir de faire l'amour à une femme.** Le père compréhensif lui dit :
– Moi aussi, je suis passé par là, fiston… Je vais te payer une prostituée. Et comme tu ne sais pas comment t'y prendre avec les femmes, je vais te prêter mon téléphone portable. Aussi, quand tu seras avec elle, je me tiendrai prêt à la maison, et je te guiderai pour que ta première fois soit un grand succès !
Le jeune Bruxellois est aux anges. Il choisit dans une ruelle une prostituée à son goût. Une fois dans la chambre, il appelle son père resté à la maison :

– Ça y est, papa, je suis dans la chambre avec elle. Elle vient de m'enlever mon tee-shirt… Qu'est-ce que je fais, maintenant ?
– Enlève-lui son haut et son soutien-gorge, fiston !
Le gamin suit les indications de son père. Trente secondes plus tard, il reprend le portable :
– Elle vient de m'enlever mon pantalon et mon caleçon. Qu'est-ce que je fais, maintenant ?
– Tu lui enlèves sa jupe et sa petite culotte. Allez, fiston, vas-y !
Trente secondes plus tard, le jeune Belge reprend le portable :
– On est tous les deux à poil. Qu'est-ce que je fais, maintenant ?
– Eh bien… Tu lui enfonces ton truc bien dur que papa est fier de t'avoir donné !
– Ok, papa ! Reste en ligne, je peux encore avoir besoin de toi !
Et le père, assis chez lui, entend grâce au téléphone la prostituée qui se met à crier :
– Petit con ! Essaye encore une fois de me fourrer ton téléphone portable et je te fracasse la tête !

• **Une jeune fille raconte à sa mère :**
– Dans le métro, il y a un homme qui s'est frotté à moi !
– Oh ! Raconte !
– Eh bien, il s'est frotté et j'ai senti qu'il avait le sexe dur ! Il a ensuite glissé sa main sous ma jupe, puis il est passé dans ma petite culotte et…
– Stop ! Ne m'en dis pas plus ! dit la mère. Tu m'excites.

• **Un enfant entre brusquement dans la chambre de ses parents et demande :**
– Maman ! C'est quoi une fellation ?
– Mmmmmh ! Hummmpf ! Mmmmmh ! Hummmmpf !

• **Une petite fille à sa mère :**
– Maman ! Maman ! T'as vu ? Quand je donne du gâteau au chien, il remue la queue !
– Gardes-en un peu pour ton père.

• **Une petite fille demande à son père :**
– Quelle est la différence entre la richesse et la pauvreté, papa ?
– La richesse c'est caviar, champagne et petites femmes. La pauvreté, c'est d'la morue, d'la bière et ta mère.

• **Une famille est réunie autour de la table pour dîner.** Le petit garçon demande à son père :
– Dis, papa ! C'est quoi la différence entre « potentiellement » et « réellement » ?
Le papa réfléchit un instant et demande à sa fille :
– Est-ce que tu coucherais avec George Clooney pour un million d'euros ?
– Pour un million d'euros ? Oui, sans hésiter.
Le père se retourne vers sa femme :
– Et toi ? Tu le ferais ?
– Coucher avec George Clooney pour un million d'euros ! Oh oui ! Même pour rien…
Le père questionne ensuite son fils aîné :
– Dis-moi… Est-ce que toi tu coucherais avec George Clooney pour un million d'euros ?
Le fils aîné réfléchit un court instant et répond :
– Je pense que oui. Un million d'euros, c'est beaucoup d'argent…
Le père demande alors à son petit garçon :
– Tu as compris la différence entre « potentiellement » et « réellement » ?
– Je crois, oui. Potentiellement, on a trois millions d'euros mais réellement… on vit avec deux salopes et un pédé !

Monsieur et Madame ont un fils

• M. et Mme **Agasse** ont un fils.
Comment l'appellent-ils ?
Sam
(Ça m'agace !)

• M. et Mme **Aidanmonfroc** ont un fils.
Comment l'appellent-ils ?
Jeff
(J'ai fait dans mon froc)

• M. et Mme **Aidsovetage** ont un fils.
Comment l'appellent-ils ?
Gilles
(Gilet de sauvetage)

• M. et Mme **Ailapoubelle** ont un fils.
Comment l'appellent-ils ?
David
(T'as vidé la poubelle ?)

• M. et Mme **Ajumide** ont un fils.
Comment l'appellent-ils ?
Karl
(Carrelage humide)

• M. et Mme **Akpourlui** ont un fils.
Comment l'appellent-ils ?
Yann
(Y'en a que pour lui)

• M. et Mme **Alataite** ont un fils.
Comment l'appellent-ils ?
Djémal
(J'ai mal à la tête)

• M. et Mme **Anchié** ont un fils.
Comment l'appellent-ils ?
Yvon
(Ils vont en chier)

• M. et Mme **Anlavtoa** ont un fils.
Comment l'appellent-ils ?
Théodore
(T'es odorant, lave-toi !)

• M. et Mme **Atan** ont un fils.
Comment l'appellent-ils ?
Charles
(Charlatan)

• M. et Mme **Atrovite** ont un fils.
Comment l'appellent-ils ?
Yves
(Il va trop vite)

• M. et Mme **Avuhuntulé-Atoussevucon** ont un fils.
Comment l'appellent-ils ?
Quentin
(Quand t'en as vu un, tu les as tous vus, con !)

• M. et Mme **Balmaské** ont un fils.
Comment l'appellent-ils ?
Alonzo
(Allons au bal masqué !)

• M. et Mme **Baramasseur** ont un fils.
Comment l'appellent-ils ?
Lenny
(Les nibards à ma sœur)

• M. et Mme **Bujavéletrac** ont un fils.
Comment l'appellent-ils ?
Amédée
(À mes débuts, j'avais le trac)

• M. et Mme **Cingueclub-Himarkdézessai** ont un fils.
Comment l'appellent-ils ?
Horace
(Au Racing Club, il marque des essais)

• M. et Mme **Craiment** ont un fils.
Comment l'appellent-ils ?
Alex
(Ah, l'excrément !)

• M. et Mme **Cuibrunocru** ont un fils.
Comment l'appellent-ils ?
Bruno
(Pruneau cuit, pruneau cru)

• M. et Mme **Daiplasman** ont un fils.
Comment l'appellent-ils ?
Fred
(Frais de déplacement)

• M. et Mme **Dalor** ont un fils.
Comment l'appellent-ils ?
Homère
(Oh, merde alors !)

• M. et Mme **Elpaké** ont un fils.
Comment l'appellent-ils ?
Jim
(J'y mets le paquet)

• M. et Mme **Emploi** ont un fils.
Comment l'appellent-ils ?
Paul
(Pôle emploi)

• M. et Mme **Eulamihoku** ont un fils.
Comment l'appellent-ils ?
Kim
(Qui me l'a mis au cul ?)

• M. et Mme **Faichié** ont un fils.
Comment l'appellent-ils ?
Akim
(Ah, qu'il me fait chier !)

• M. et Mme **Hédochaude** ont un fils.
Comment l'appellent-ils ?
Robin
(Robinet d'eau chaude)

• M. et Mme **Hoposte** ont un fils.
Comment l'appellent-ils ?
Fidel
(Fidèle au poste)

• M. et Mme **Kolunoukoi** ont un fils.
Comment l'appellent-ils ?
Julian
(Je lui en colle une ou quoi !)

• M. et Mme **Konvien** ont un fils.
Comment l'appellent-ils ?
Jean
(J'en conviens)

• M. et Mme **Kuku** ont un fils.
Comment l'appellent-ils ?
Paolo
(Poil au cul-cul)

• M. et Mme **Mieulapro-Chainefoa** ont un fils.
Comment l'appellent-ils ?
Geoffrey
(Je ferai mieux la prochaine fois)

• M. et Mme **Nohar** ont un fils.
Comment l'appellent-ils ?
Tristan
(Triste en noir)

• M. et Mme **Nomdlaliste** ont un fils.
Comment l'appellent-ils ?
Raymond
(Raye mon nom de la liste)

• M. et Mme **Ouchouille-Safémal** ont un fils.
Comment l'appellent-ils ?
Jacques
(J'accouche… Ouille ! Ça fait mal !)

• M. et Mme **Pairsavessa** ont un fils.
Comment l'appellent-ils ?
Simon
(Si mon père savait ça…)

• M. et Mme **Paldir** ont un fils.
Comment l'appellent-ils ?
Yves
(Il veut pas le dire)

• M. et Mme **Pamoncourié** ont un fils.
Comment l'appellent-ils ?
Élie
(Eh ! Lis pas mon courrier !)

• M. et Mme **Plupetidédalton** ont un fils.
Comment l'appellent-ils ?
Joël
(Joe est le plus petit des Dalton)

• M. et Mme **Sien Assam-Haimaire** ont un fils.
Comment l'appellent-ils ?
Lucien
(Le chien-chien à sa mémère)

• M. et Mme **String** ont un fils.
Comment l'appellent-ils ?
Amédée
(Elle met des strings)

• M. et Mme **Tombé** ont un fils.
Comment l'appellent-ils ?
Yvon
(Ils vont tomber…)

• M. et Mme **Vancouran** ont un fils.
Comment l'appellent-ils ?
Harry
(Arrive en courant !)

• M. et Mme **Ailédan** ont une fille et un fils.
Comment les appellent-ils ?
Julie et Nick
(Je lui ai niqué les dents)

• M. et Mme **Alaiglise-Dotralaméri** ont une fille et un fils.
Comment les appellent-ils ?
Jean, Marie
(J'en marie à l'église, d'autres à la mairie)

Les blondes

• Une brune demande à une blonde :
– Pourquoi portes-tu toujours un casque ?
– Parce que j'ai les oreilles décollées !

• Quel point commun y a-t-il entre une blonde et un chewing-gum ?
Ça colle !

• Une blonde demande à un paysan :
– Qu'est-ce que vous mettez sur vos fraises ?
– De l'insecticide.
– Ah bon ? Moi je mets du sucre...

• Au restaurant :
– Vous avez des cuisses de grenouille ? demande un client à la serveuse blonde.
– Non, je marche toujours comme ça !

• Pourquoi y a-t-il beaucoup de blondes qui supportent l'Olympique de Marseille ?
Parce qu'elles aiment l'homme (l'OM) !

• Une blonde se rend chez son banquier pour retirer de l'argent.
– Je suis navré, madame, mais vous n'avez plus d'argent sur votre compte...
– C'est pas grave, je ferai des chèques !

• Un policier arrête une blonde qui roulait trop vite...
– Je vais vous verbaliser, dit-il à la conductrice. Vous n'avez aucune excuse !
– Ah si ! J'ai une bonne excuse. Je ne peux pas savoir à combien il faut rouler : je n'ai pas le permis !

• **Une brune à sa copine blonde :**
– Tu connais le Pacifique ?
– Non. Je connais le présent, le futur, le passé…

• **Une blonde et une brune se promènent.** Alors qu'elles s'apprêtent à longer un cimetière, la blonde se met à hurler…
– Hiiiii ! Faisons demi-tour, s'il te plaît !
– Mais pourquoi as-tu peur ? C'est à cause du cimetière ?
– Oui, il paraît que j'ai un cul à réveiller les morts !

• **Une blonde entre dans un magasin d'électroménager et demande au vendeur :**
– Je souhaiterais acheter une machine qui nettoie les dessous de bras, s'il vous plaît !
– Comment ça ? fait le vendeur abasourdi. Nous… nous n'avons pas de machines qui lavent les dessous de bras…
– Mais si ! affirme la blonde. J'ai entendu dire que vous aviez des lave-vaisselle !

• **Une blonde se confie à une amie…**
– Un jour, j'ai fait l'amour au téléphone.
– C'était bien ?
– Non. Franchement, il était bien trop large !

• **Une blonde passe son permis de conduire.** L'examinateur l'interroge :
– Imaginons que vous êtes victime d'une crevaison, que vous perdez le contrôle de votre véhicule et qu'une sortie de route est inévitable. Du côté gauche de la route il y a une personne, et de l'autre vingt personnes. De quel côté essayez-vous de vous écraser ?
– Du côté gauche ! répond instantanément la blonde. Mieux vaut risquer la vie d'une seule personne que de vingt !
– Absolument ! Je vous donne votre permis !
Quelques jours plus tard, la blonde est victime d'une crevaison

et écrase une vingtaine de personnes… Un gendarme l'interroge :
– Expliquez-moi les circonstances de l'accident.
– Eh bien… J'ai crevé. D'un côté de la route il y avait une personne et de l'autre une vingtaine. J'ai voulu écrasé celle qui était seule mais elle a traversé pour rejoindre les autres !

• **Une brune demande à sa collègue blonde :**
– Tu as pensé à ton sudoku ?
– Oui, j'ai mis le nord à la tête !

• **Une blonde sort de chez son gynécologue.** Sa copine qui l'attendait lui demande :
– Alors, tout va bien ?
– Pas trop, il m'a dit que j'avais quelque chose, je ne sais plus comment on dit… Ah oui ! Un christ aux ovaires !
– Ah merde ! Déjà que tu avais le diable au cul !

• **Une blonde pénètre dans un dojo avec son téléphone portable à la main.** Elle s'adresse au professeur de judo qui était en train de donner un cours…
– Excusez-moi, je voudrais recharger mon téléphone, on m'a dit qu'ici vous faisiez des prises ?

• **Une blonde se rend chez son médecin…**
– Docteur, j'ai plein de boutons !
– Ah ? Où ça ?
– Là !
– Mais… ce sont ceux de votre chemisier !

• **Dans un zoo, une blonde est émerveillée par un crocodile…** Elle se tourne vers sa copine et lui dit :
– Tu savais, toi, qu'ils faisaient des crocodiles chez Lacoste ?

• **Une blonde qui roule à 100 km/h sur l'autoroute accélère soudain.**
– Tu es pressée maintenant ? lui demande sa copine.
– Non, mais si tu veux du soleil, il faut rouler à 130 ! Tu n'as pas vu le panneau : « Beau temps : 130 km/h, pluie : 110 km/h » ?

• **Pourquoi les séances de spiritisme ne marchent-elles pas avec les blondes ?**
Parce qu'avec elles, l'esprit n'est jamais là !

• **Attirée par la pancarte « Tailleurs élégants » d'une boutique, une blonde entre dans le magasin et choisit un tailleur qu'elle essaye.** Elle décide de l'acheter et, au moment de passer en caisse, demande à la vendeuse :
– Et les gants ?

• **Au comptoir d'un bar, une prostituée blonde pleure toutes les larmes de son corps…** Une collègue tente de la réconforter :
– Depuis trois ans que tu travailles là, c'est la première fois que je te vois craquer. Qu'est-ce qui ne va pas ?
– Je viens de m'apercevoir que vous vous faisiez payer !

• **Une blonde se rend dans une maternité où une amie vient d'accoucher de jumeaux.** Le papa est auprès de la maman et la blonde complimente cette dernière :
– Tu as fait deux beaux bébés ! Qu'ils sont mignons ! Vraiment, je te félicite !
Elle se tourne alors vers le père et le félicite à son tour :
– Bravo à vous aussi ! Vous féliciterez le second père de ma part. Lequel des deux est le vôtre ?

• **Pourquoi les blondes attachent-elles leur stylo encre ?**
Pour éviter qu'ils fuient !

• **À quoi reconnaît-on une lesbienne blonde?**
Elle préfère les hommes!

• **Une blonde se rend dans un magasin d'instruments de musique.** Après avoir fait un tour dans la boutique, elle s'adresse au vendeur:
– Je n'ai jamais fait de musique mais j'ai très envie de m'y mettre! J'ai repéré ce joli tuba rouge et ce bel accordéon blanc... Vous pouvez me conseiller?
– Oui, bien entendu. L'extincteur, je peux éventuellement vous le vendre. Par contre, il faudrait que je fasse venir un plombier pour démonter le radiateur!

• **Une blonde et un Belge se promènent dans la rue et tombent face à un chien qui est en train de se lécher les couilles.**
– J'aimerais bien faire ça... dit malicieusement la blonde en regardant le Belge.
– Tu veux que je te le tienne? lui répond ce dernier.

• **Au stand de tir d'une fête foraine, une blonde éclate des ballons avec une carabine à plombs.** Chaque fois qu'elle tire, elle met sa main dans sa culotte! Le forain intrigué finit par lui demander:
– Pourquoi glissez-vous votre main dans votre culotte à chaque coup?
– Parce qu'on m'a toujours dit qu'après avoir tiré, il fallait remettre la touffe en place!

• **Une blonde attend sa copine brune devant un magasin de presse.** Lorsque cette dernière en ressort avec ses magazines sous le bras, la blonde lui dit:
– Tu as acheté des journals?
– Non, des journaux!
– Ah? Pourtant, on dirait bien des journals...

• **Une blonde sort d'un rendez-vous de chez le gynécologue.** Sa mère qui l'attendait lui demande :
– Alors ? Tu es bien enceinte ?
– Oui.
– Et depuis combien de temps ?
– Depuis sept semaines.
– Qui est le père ?
– Ah ça, il ne m'a pas dit !

• **Une brune à sa copine blonde :**
– Alors, ton nouveau mec, il est bien ?
– Oh oui ! Il est gééénial ! Je l'adooore ! Je veux passer toute ma vie avec lui, je veux qu'il soit le père de mes enfants et de mes petits-enfants !

• **Une blonde prend sa douche et s'empare du nouveau shampoing qu'elle vient d'acheter.** Elle lit dessus « cheveux secs » et s'exclame :
– Et merde ! Je les ai mouillés !

• **Quelle différence y a-t-il entre un répondeur et une blonde ?**
Le répondeur enregistre le message !

• **Une blonde se rend au guichet d'une gare SNCF et demande :**
– Donnez-moi un billet pour la Bretagne, s'il vous plaît !
– Où souhaitez-vous aller plus exactement ?
– N'importe où, choisissez pour moi !
– Dinard ?
– Nard.

• Une blonde se rend dans une pharmacie et demande une boîte de préservatifs.

– Quelle taille souhaitez-vous ? lui demande la pharmacienne.

– Vous n'avez qu'à me faire un assortiment, je sors en boîte !

• Une blonde est en train de lire l'annuaire téléphonique.

– Que fais-tu ? lui demande sa copine.

– Je lis un bouquin.

– Il est bien ?

– Je sais pas, j'en suis encore à la présentation des personnages !

• Une brune demande à sa copine blonde :

– Tu connais la différence entre une voiture et une blonde ?

– Heu… Non, je ne suis jamais passée sous une voiture.

• Comment sait-on qu'une blonde a ouvert le frigo ?

Lorsqu'il y a du rouge à lèvres sur le concombre…

… Et comment sait-on qu'une blonde a ses règles ?

Lorsque l'on croit qu'il y a du rouge à lèvres sur le concombre !

• Quel point commun y a-t-il entre l'enfer et les blondes ?

Satan l'habite.

• Quelle différence y a-t-il entre un ordinateur et une blonde ?

L'ordinateur a une mémoire vive !

• Comment occuper une blonde pendant des heures ?

En lui donnant un sac de M&M's et en lui demandant de les classer par ordre alphabétique.

• **Une blonde doit se faire opérer des amygdales.** Le chirurgien la prévient :
– Suite à l'intervention, vous aurez des difficultés à avaler pendant quelque temps.
– Ah... fait la blonde inquiète. Et au bout de combien de temps vais-je pouvoir reprendre une vie sexuelle normale ?

• **Quelle différence y a-t-il entre un ordinateur et une blonde ?**
Dans l'ordinateur, on entre les données une seule fois !

• **Une brune rend visite à une copine blonde qui est en train de remplir des cartons.**
– Mais que fais-tu ? s'étonne-t-elle.
– Je déménage !
– Mais pourquoi ?
– Parce que j'ai entendu à la radio que 80 % des accidents graves de la circulation ont lieu près de chez soi !

• **Pourquoi les blondes n'ont-elles jamais plus de quatre enfants ?**
Parce qu'on leur a dit qu'un enfant sur cinq était chinois !

• **Pourquoi, quand on prend sa voiture, est-il préférable d'emmener une blonde avec soi ?**
Pour pouvoir se garer sur les places réservées aux handicapés !

• **Pourquoi les blondes ont-elles toujours les cheveux plaqués sur la tête ?**
Pour ne pas être décoiffées par tout ce qui leur passe au-dessus de la tête !

• **Quelle différence y a-t-il entre une ampoule et une blonde ?**
La blonde n'est pas une lumière mais elle est plus facile à brancher !

• Quel point commun y a-t-il entre une poignée de porte et une blonde ?
Il suffit de toucher une blonde pour avoir une ouverture !

• À quoi reconnaît-on une blonde qui joue à cache-cache ?
Elle y joue seule !

• Pourquoi les blondes ont-elles les seins carrés ?
Parce qu'elles oublient de sortir les soutiens-gorge de leur boîte !

• Qu'est-ce qu'une blonde accrochée au fond d'un garage ?
Une clef à pipe !

• Une blonde fait l'amour à un mec d'un soir.
– Au fait, tu n'as pas le sida ?
– Non, n'aie pas peur.
Cinq minutes plus tard, elle demande de nouveau :
– T'es sûr de ne pas avoir le sida ?
– Mais non, je ne l'ai pas.
Cinq nouvelles minutes plus tard :
– T'as pas le sida, hein ! Tu en es bien certain ?
– Je t'ai dit non ! Pourquoi es-tu si inquiète ?
– Ben… Je ne voudrais pas l'attraper une deuxième fois !

• Quel point commun y a-t-il entre une bouteille de bière et une blonde ?
Elles sont vides au-dessus du cou.

• Lors d'un entretien d'embauche, le recruteur demande à une blonde :
– Vous êtes mariée ?
– Divorcée. Mais j'ai déjà été mariée trois fois !
– Des enfants ?
– Non, toujours avec des adultes.

• **Un type fait monter une blonde à l'arrière de sa voiture…**
– Je te préviens, lui dit-elle, ma mère m'a fait jurer de dire énergiquement non à tout ce qu'un garçon pourrait me proposer !
– Elle a raison, répond le type. Est-ce que tu vois une objection à ce que je te saute ?
– Non !

• **Une blonde demande à une autre blonde :**
– Tu utilises quoi comme gel douche, toi ?
– Je ne prends que du liquide vaisselle !
– Ah bon ? Et pourquoi ?
– Parce qu'il permet de se débarrasser des graisses, même des plus tenaces !

• **Une blonde sort des toilettes et un ami lui demande :**
– Tu as pensé à tirer la chasse ?
– Non, il est où Lachasse ?

• **Pourquoi les blondes adorent-elles Noël ?**
Parce que c'est la période où on fourre les dindes !

• **Une journaliste interviewe des passants dans la rue et remarque une blonde qui lui tourne autour depuis un moment.** La journaliste lui tend alors le micro et demande :
– Bonjour mademoiselle, qu'avez-vous à dire au micro ?
– Euh… Bonjour micro !

• **Une brune qui promène son chien rencontre une blonde avec un chat dans les bras.** En la croisant, la brune lui sourit et lui dit :
– Quelle chaleur !
Et la blonde lui répond :
– Quel chiendeur !

JE N'ARRIVE PAS À ENVOYER DES MAILS !!
QU'EST-CE QUI SE PASSE ?
JE SAIS PAS... JE CROIS QUE C'EST LE CLAVIER QUI EST MAUVAIS.
AH BON ?
OUI JE TAPE L'ADRESSE MAIL...
JE FAIS LE PETIT "a"...
... MAIS JE NE TROUVE PAS LA TOUCHE POUR FAIRE LE ROND AUTOUR ?
CHAUVIN.

• Une brune et une blonde tentent de rentrer en fraude dans une boîte de nuit en passant par la porte de secours. Malheureusement, la brune heurte une poubelle. Les deux copines se réfugient rapidement derrière elle, car le bruit a attiré l'attention d'un vigile… Celui-ci se rapproche effectivement et demande :
– Y'a quelqu'un ?
La brune imite alors un miaulement :
– Miaouuuu…
– Qu'est-ce que c'est ? fait le vigile.
– C'est un chat ! répond la blonde.

• Une blonde demande à un copain :
– Ça veut dire quoi « Shut up » en anglais ?
– Ta gueule.
– C'est bon, pas la peine d'être désagréable !

• L'équipe de rugby locale vient de subir une nouvelle défaite. Les joueurs investissent le café du village et la serveuse blonde leur demande :
– Alors ?
– Alors, lui répond un joueur, nous sommes vaincus…
– Mince, je n'ai que dix-neuf chaises !

• Le professeur principal d'un collège convoque les parents d'une jeune fille blonde.
– Votre fille n'a pas de très bons résultats, mais le plus embêtant, c'est qu'elle refuse d'assister aux cours de son professeur d'histoire ! Ce n'est pas comme cela qu'elle va progresser ! Avez-vous une explication ?
La mère prend la parole…
– Non, vraiment, nous ne comprenons pas. Nous disons sans cesse à notre fille de travailler, de faire de son mieux, de bien se tenir et de surtout… surtout ne pas faire d'histoire !

• **Une blonde va voir son médecin et lui annonce :**
– Docteur, j'ai fait un test de QI et je n'ai obtenu que 22 ! Je ne comprends pas pourquoi !
– Je vais vous rassurer : il est tout à fait normal que vous ne compreniez pas pourquoi !

• **Une maman demande à sa fille blonde :**
– Va vite à la boulangerie acheter du pain avant qu'elle ne ferme !
La jeune fille blonde s'exécute et court à la boulangerie :
– Je voudrais du pain, s'il vous plaît !
– Il me reste un campagnard !
– Ah ben, non. Tant pis, je voulais du pain…

• **Une brune demande à sa copine blonde :**
– Quel est ton auteur préféré ?
– C'est mon mec !
– Je ne savais pas qu'il était auteur ! Qu'est-ce qu'il écrit ?
– Des chèques !

• **Deux brunes et une blonde décèdent dans un accident de voiture et se présentent en même temps face à saint Pierre…**
– Qu'as-tu fait de ta vie ? demande-t-il à la première brune.
– Je me suis mariée et j'ai eu trois enfants.
– Tiens ! Voilà les clefs du paradis !
Il demande ensuite à la seconde brune :
– Qu'as-tu fait de ta vie ?
– Je me suis mariée, j'ai eu deux enfants et puis j'ai divorcé…
– Tiens ! Voilà les clefs de l'enfer !
Saint Pierre pose la même question à la blonde :
– Qu'as-tu fait de ta vie ?
– J'ai eu plein d'amants. J'ai beaucoup baisé et je n'ai pas eu d'enfants.
– Tiens ! Voilà les clefs de ma chambre !

• **Une petite fille blonde demande à sa maman blonde :**
– Entre un voleur et un tueur, lequel va le plus souffraire en enfer ?
– Toi aussi tu iras en enfer ! répond sa mère. Quand on ne sait même pas conjuguer le verbe souffrance…

• **Une blonde marche dans la rue et tombe dans un trou !**
– Oups ! Comment vais-je sortir de là ? se demande-t-elle.
Pas folle, la blonde s'extirpe du trou, court chercher une échelle, la jette dans le trou, saute au fond du trou et remonte grâce à l'échelle !

• **Une brune et une blonde sont en voiture.** Soudain, la conductrice brune se met à hurler :
– Les freins ne répondent plus ! On va mourir !
– Qu'y a-t-il en bas de la pente ? demande la blonde.
– Il y a un stop !
– Ouf!!! fait la blonde soulagée.

• **Un groupe de blondes se rend à la piscine alors que celle-ci ne contient plus d'eau ! Toutes les blondes plongent et s'écrasent dans le fond de la piscine sauf une… Pourquoi ?**
Parce qu'elle a oublié son maillot de bain !

• **Une brune se rend chez sa copine blonde et constate en entrant chez elle qu'elle a de nouveau tenté de se suicider…**
– Mais enfin ! Si tu veux te pendre avec une ceinture, c'est autour du cou qu'il faut la mettre, pas de la taille !
– J'ai essayé, répond la copine blonde, mais je manquais d'air…

• **Une brune dit à sa copine blonde :**
– Tu n'as pas mis de culotte, ce matin ?
– Non, j'ai oublié. Comment le sais-tu ?
– Parce que tu as aussi oublié de mettre une jupe…

• **Une brune rend visite à sa copine blonde et remarque qu'elle a répandu des allumettes un peu partout sur le sol de son appartement.**
– Pourquoi as-tu éparpillé des allumettes ? demande la copine.
– C'est pour faire fuir les loups, ils ont peur du feu ! répond la blonde.
– Mais enfin, il n'y a pas de loups ?
– Évidemment, j'ai étalé des allumettes !

• **Trois blondes sont perdues au milieu d'un désert.** Soudain, l'une d'elles aperçoit une lampe magique à demi enfouie dans le sable. Elle la ramasse, la frotte pour la nettoyer et un génie en sort :
– Bonjour mesdemoiselles ! Pour vous remercier de m'avoir libéré, vous avez le droit de faire trois vœux ! C'est-à-dire un chacune, si vous ne savez pas compter…
La première blonde prononce alors son vœu :
– Je voudrais rentrer chez moi !
Aussitôt prononcé, aussitôt exaucé, la blonde disparaît et se retrouve chez elle. La deuxième blonde formule à son tour un vœu :
– Moi aussi, je veux rentrer chez moi !
Et la deuxième blonde est renvoyée chez elle. Reste la troisième blonde qui se sent maintenant bien seule et qui fait le vœu suivant :
– Je veux retrouver mes deux copines !
Trois blondes sont perdues au milieu d'un désert…

• **Un gendarme arrête une blonde qui conduisait à une vitesse excessive…**
– Vous n'avez pas vu le panneau qui limite la vitesse à « 50 », à l'entrée du village ? lui demande le gendarme.
– Si ! Je croyais que c'était le nombre d'habitants.

• Une blonde entre dans une épicerie et demande :
– Je voudrais un kilo d'huile, s'il vous plaît.
– Mais mademoiselle, l'huile ne se pèse pas...
– Ah oui, pardon. Donnez-moi un mètre d'huile alors !

• Que fait une blonde qui a une idée derrière la tête ?
Elle se retourne !

• Quelle différence y a-t-il entre une blonde et un trampoline ?
On enlève ses chaussures pour sauter sur le trampoline.

• Quelle différence y a-t-il entre une blonde et une boule de bowling ?
On ne peut mettre que trois doigts dans une boule de bowling.

• Comment appelle-t-on quelqu'un qui a un QI de 40 ?
– Hé, la blonde ! Tu couches ?

• Une blonde entre dans un café et... plouf !

Bien dégueu

• **Savez-vous à quoi ressemble le sexe d'une prostituée en fin de journée ?**
Vous avez déjà donné un yaourt à un bulldog?

• **Trois femmes discutent des exploits sexuels de leur mari :**
– Le mien, dit la première, son sperme est tellement abondant que je dois rester une heure sur les toilettes avant qu'il ne soit tout parti !
– Moi, fait la deuxième, son sperme est tellement collant que je dois m'enfoncer le tuyau de la douche pour m'en débarrasser !
– Et moi, ajoute la troisième, c'est bien pire ! Deux fois par semaine, je passe une heure chez le dentiste à me faire détartrer les dents !

• **Pour la première fois depuis plus de trente ans, un très vieil homme tente de faire l'amour à sa très vieille femme.** Alors qu'il lui suce les seins, il s'interrompt brusquement pour se tenir le ventre…
– Que se passe-t-il ? lui demande sa femme.
– J'ai mal au ventre ! C'est le lait, il doit être périmé !

• **Un type, complètement bourré, est assis au comptoir d'un bar.** Soudain, les personnes qui étaient assises autour de lui se lèvent et partent l'air écœuré. Le barman s'approche du type et comprend, à l'odeur, que l'homme s'est chié dessus…
– Hé ! Gros dégueulasse ! Pourquoi vous n'allez pas aux toilettes pour vous nettoyer ? demande le barman.
Et le type lui répond :
– Ben… J'ai pas fini.

• **Au stand d'une fête foraine, un type un peu bourré tire sur des ballons avec une carabine à air comprimé.** Au bout d'une demi-heure, il gagne un lot : une tortue. Le type repart avec sa tortue et, une heure plus tard, revient faire une autre partie. Après avoir crevé quelques ballons supplémentaires, il gagne un

nouveau lot. Le patron du stand lui donne à choisir entre une peluche et un arc en plastique. Le type lui demande :
– Vous n'auriez pas un sandwich, comme tout à l'heure ?

• **Un homme se rend à confesse et avoue au prêtre :**
– Mon père, j'avoue avoir embrassé ma femme entre ses cuisses…
– Oh ! Mais vous êtes proche de l'enfer !
– Je me disais aussi que ça sentait le diable !

• **Un homme tout juste marié est revenu plus tôt de son voyage de noces pour s'adonner à son passe-temps favori : la pêche.** Alors qu'il est assis au bord d'un lac, la canne à pêche en main, un ami, surpris de le voir là, lui demande :
– Bonjour, mon vieux, mais qu'est-ce que tu fais là ? Tu n'étais pas censé être en voyage de noces avec ton épouse ?
– Oui mais tu sais, j'adore la pêche !
L'ami, choqué, insiste :
– Mais en ce moment tu pourrais être avec ta femme, sur une île, en train de lui faire l'amour ?
– Bof… Elle a une mycose au vagin. Et puis tu sais, j'adore la pêche !
Outré, son ami continue :
– Mais enfin ! Ta seule présence est certainement importante pour elle. Tu pourrais être chez toi en ce moment en train de l'embrasser.
– Beurk… Elle a les dents pourries, la langue pâteuse et mauvaise haleine. Et puis tu sais, j'adore la pêche !
L'ami essaie à nouveau de le raisonner :
– Mais tu aurais au moins pu lui offrir une belle balade en forêt ? Juste pour le plaisir d'être ensemble ?
– Ben… Tu sais, elle est unijambiste et son fauteuil ne passe pas dans les chemins forestiers. Et puis, tu sais, j'adore la pêche !
L'ami lui pose alors la question qui le démange :

– Avec tout ce que tu me dis, je me demande vraiment pourquoi tu l'as épousée.
– Je ne t'ai pas tout dit ! En plus, elle a des vers… Et comme tu sais, j'adore la pêche !

• **Un gay se rend aux toilettes pour uriner et dit à sa verge :**
– J'espère que tu vas bien travailler, ce soir !
Le gay pète et se tourne alors vers son cul :
– Oh toi, ta gueule ! Tu as déjà eu ton compte hier !

• **Au comptoir d'un bar, un type malaxe une boulette dans sa main.** Il la fait rouler sur le zinc et l'observe sur toutes les coutures. Il la prend ensuite entre deux doigts et met la boulette devant une lampe pour essayer de voir au travers. Intrigué, son voisin de comptoir lui demande :
– Qu'est-ce que c'est ?
– Je sais pas… Ça m'inquiète ! C'est étrange…
– Faites voir ?
Le type donne la boulette à son voisin. Le gars l'observe à son tour, la met dans sa bouche, puis la recrache aussitôt en criant :
– Pouaaaah ! Mais ? C'est de la merde !!!
– Ah, bon ? fait le type. Ça faisait trois jours que j'avais ça au cul, je craignais que ce soit un cancer…

• **Quel point commun y a-t-il entre un gynécologue et un livreur de pizzas ?**
Ils peuvent la sentir sans avoir le droit de la bouffer.

• **Un jeune couple de restaurateurs chinois se marie.** Pendant la nuit de noces, la jeune mariée demande à son mari :
– Tu me fais un 69 ?
– Maintenant ? Tu veux un 69 ? s'étonne le mari qui n'a rien compris.
– Oui, j'en ai très envie…

– Tu crois que c'est le moment de cuisiner du « porc sauce aigre-douce » ?
Un moment plus tard, la jeune mariée est parvenue à faire comprendre à son mari ce qu'était un 69. Alors qu'ils sont en pleine action, la mariée demande à son mari :
– C'est bon ?
– Bof... Comme le 43.
– Le 43 ?
– Oui, « crevettes sauce piquante » !

• Un type se rend chez son médecin pour un problème d'incontinence nocturne...
– Docteur, je fais pipi au lit... Voilà trois mois que toutes les nuits, je fais pipi au lit ! Ma femme ne peut plus me supporter...
– Qu'avez-vous essayé ? demande le docteur.
– J'ai essayé de ne plus boire, mais ce n'est pas possible...
J'ai essayé de ne pas m'endormir, mais ce n'est pas non plus possible...
– Dites-moi... À quel moment de la nuit urinez-vous sur vous ?
– En fait, je fais toutes les nuits le même cauchemar...
– Racontez-moi.
– Ben... Je rêve qu'un nain monte sur le lit et me dit, tout en sautant sur le lit : « Tu viens ? On va faire pipi ! Tu viens ? On va faire pipi ! » Jusqu'à ce que je cède...
Le médecin réfléchit à une solution et propose :
– Écoutez... Je ne vois pas trente-six solutions, mais peut-être faut-il affronter votre rêve en disant au nain : « Non ! Je ne veux pas faire pipi ! »
Le type rentre chez lui un peu soulagé mais revient dès le lendemain voir le docteur.
– Tiens ? Vous avez un œil au beurre noir ? remarque le docteur.
– Oui, c'est ma femme... Elle ne peut plus me supporter et m'a mis à la porte !
– Que s'est-il passé ?

– Je me suis couché et, comme toutes les nuits, j'ai fait mon cauchemar. Le nain est venu sauter sur mon lit en disant : « Tu viens ? On va faire pipi ! Tu viens ? On va faire pipi ! »
– Et alors ?
– Alors j'ai fait comme vous m'aviez dit, je lui ai dit : « Non, j'ai pas envie ! » Et il m'a répondu : « Tu viens faire caca ? »

• **Une nuit, un pervers croise le chemin d'un clochard allongé au sol, complètement saoul.** Le pervers profite de la situation pour sodomiser le clochard sans que ce dernier s'en aperçoive. La nuit suivante, le pervers retrouve le clochard, toujours bourré et allongé par terre. Le type en profite de nouveau pour le sodomiser… La scène se répète ainsi pendant plus d'une semaine. Un jour, le clochard se retrouve en compagnie d'un de ses collègues qui lui tend sa bibine.
Le clochard repousse la bouteille de la main et lui dit :
– Stop ! J'arrête de boire, ça me donne un mal au cul pas possible !

Le bêtisier des infirmières

– Pour retrouver un joli sourire, il va devoir passer chez le dentiste…
– C'est pas la peine, il fait toujours la gueule !

•••

– L'hospitalisation de ma jambe va être remboursée ?
– Oui, à condition que vous l'accompagniez…

•••

– Mes reins ont été hospitalisés l'année dernière…
– Vous venez les chercher ?

•••

Pfff… Franchement, toute cette paperasse de merde pour un petit hémorroïde !

•••

La personne de la chambre 302 est toujours en salle de réveillon ?

•••

La dame de la chambre 118 s'est évaporée !

•••

Quand vous avez bandé, est-ce que ça a gonflé ?

•••

Non, ce n'est rien. Vous aurez peut-être des semelles encyclopédiques, c'est tout.

•••

Vous avez la trou sèche ?

•••

Quand je bande, ça vous fait du bien ?

•••

– J’en peux plus… Je vais garder ce bandage sur les yeux pendant longtemps ?
– Oui, encore deux jours. Voulez-vous que l’on vous descende un peu à l’accueil ? Ça vous ferait du bien de voir un peu de monde, non ?

•••

Le gynécologue a confirmé que vous n’aviez rien aux poumons.

•••

– Je crains un peu cette ablation des ovaires…
– Ne vous inquiétez pas : ils vont vous enlever la nurserie, pas la salle de jeu !

•••

– Alors, elle n’est toujours pas réveillée la vieille pute ?
– Si, je suis réveillée…

•••

– Je me suis fait amputer des jambes…
– Oh… Lesquelles ?

•••

– Madame, je suis navrée mais… votre mari est parti.
– Il est mort !
– Non, il est parti !

•••

– Est-ce que le docteur fait aussi les bébés ?
– Seulement à son épouse…

•••

– Madame, s'il vous plaît ! Où se trouve le service de pneumologie ?
– Vous aviez rendez-vous avec le docteur Michelin ?

• • •

Quand le bébé aura fini de boire, vous le mettrez à la poubelle.

• • •

Vous prendrez un cachet ce soir avant de vous endormir et un autre demain avant de vous réveiller.

• • •

– Oh, vous avez des gazes !
– Oui… Pourquoi, ça sent ?
– Je… Non, je voulais dire, on a déjà fait vos pansements ?

• • •

– Oh là là ! Vous avez vomi dans votre assiette !
– Non, je n'ai pas commencé à manger…

• • •

Non, je prends votre température sous l'aisselle. La prochaine fois que vous baissez votre slip, je vous la prendrai dans l'anus mais avec un baromètre !

• • •

Ses hémorroïdes l'empêchent de fermer l'œil.

• • •

Il ne souffre plus mais il a des douleurs.

• • •

– Les chats, ils boivent pas d'alcool, ça empêche pas qu'ils meurent jeunes!
– Oui, mais vous n'avez pas sept vies…

•••

– La seringue, ça va faire plus mal qu'une piqûre d'abeille ou moins mal qu'une piqûre de guêpe?
– Comme un gros moustique…

•••

Je vais vous faire une toute petite piqûre avec une toute petite meringue!

•••

– Le patient de la chambre 206 a pris sa température?
– Oui.
– Et il avait…?
– Chaud.

•••

– C'est quoi la différence entre la température des fesses et celle de la bouche?
– Le goût!

•••

Elle dit que son mari l'a touchée et qu'elle est toute chaude…

•••

Tu as pris sa fièvre du samedi soir?

•••

Il a des fourbatures un peu partout…

•••

Oh là là ! Vous avez une éruption flamboyante !

• • •

– Vous pensez que j'ai aussi la varicelle ?
– Non… de l'acné.

• • •

Vous êtes toute contagionnée…

• • •

– J'ai attrapé la mort !
– J'espère que ce n'est pas contagieux !

• • •

– Vous voulez que je me déshabille ?
– Non, c'est inutile.
– J'enlève juste le haut ?
– Non, ce n'est pas la peine.
– Le bas non plus, vous ne voulez pas ?
– Non plus…

• • •

– Je crois que j'ai des petits boutons là où je pense…
– Et à quoi pensez-vous ?
– Au sexe.

• • •

– De quoi vous m'avez traité ?
– Pardon ?
– Vous m'avez traité de quoi ?
– Mais… de rien ?
– Mais si ! C'était quoi le nom de la maladie que vous m'avez traité ?

• • •

– J'étais à un concert et j'ai les oreilles qui bourdonnent…
– Pourquoi serait-ce un cancer ?

Si vous avez des nuits blanches, c'est parce que vous broyez du noir…

•••

– J'ai les jambes qui gonflent…
– Vous les surélevez, au lit ?
– Comment ça ?
– Au lit, vous levez les jambes ?
– Mais que voulez-vous dire par là ?

•••

Ils n'ont pas pu éviter l'amputation des orteils, alors ils ont coupé la jambe…

•••

Non, ses bras sont normaux ; ils font bien toute la longueur de son corps.

•••

Je crois que son intérieur est sens dessus dessous.

•••

Elle a eu recours aux pompiers pour se faire éponger.

•••

– Vous dormez bien ?
– Pas trop, j'ai les nuits très agitées.
– Vous êtes nerveuse ?
– Non… C'est mon mari qui m'agite.

•••

Il paraît que le décès serait dû à une erreur du mort.

•••

– J'ai des chances de mourir ?
– 100 % !
– Hein !
– Tout le monde meurt un jour....

•••

– Ça me gratte. Vous auriez pas un truc anti-grattage ?
– Oui, le coupe-ongles !

•••

J'ai beau chercher, j'ai retrouvé vos maladies mais pas votre poumon...

•••

En fait, il était mort, mais le patient était toujours vivant !

•••

Le patient décédé s'impatiente !

•••

– J'ai voulu bricoler...
– ... et vous êtes cloué sur un lit d'hôpital.

•••

Même après sa mort, j'ai continué à y croire.

•••

Comme elle est décédée juste après son admission, ça n'a pas arrangé son état...

•••

Vous avez perdu la santé mais moi je ne retrouve plus votre adresse !

•••

Oui, les docteurs sont formels : vous n'avez rien dans la tête !

•••

– Ça fait quand même super mal une hernie discale…
– Oui, mais moins qu'une hernie fiscale !

V'là les flics !

• **En région parisienne, un nouveau robot vient d'être installé par la police.** Celui-ci est capable d'identifier les voleurs lorsqu'ils passent près de lui et de les capturer ! Dans le 78, le robot a permis de capturer trente voleurs. Dans le 92, il a capturé cent cinquante voleurs. Dans le 93, il a été volé avant même de fonctionner…

• **La police frappe à la porte d'une personne qu'ils recherchent…**
– Qui c'est ? demande l'homme sans ouvrir.
– Police nationale ! Ouvre, on voudrait discuter avec toi !
– Vous êtes combien ?
– Nous sommes six.
– Alors discutez entre vous !

• **Un jeune homme passe des tests pour devenir policier.** Le soir, il rentre chez lui et annonce fièrement à son père :
– J'ai été pris ! Je suis admis !
– Les tests n'étaient pas trop durs ?
– Si, quand même !
– Qu'est-ce qu'ils ont demandé ?
– On m'a demandé combien faisait 3 fois 6 ! J'ai répondu 15.
– Mais 3 fois 6, ça fait 18 ! Pas 15 ?
– Peut-être mais… c'est moi qui étais le plus proche du résultat !

• **On ne dit pas « un quart de poulet ».**
Mais on dit… « une voiture de police » !

• **Quelle différence y a-t-il entre un mur et un agent de police ?**
Essayez de pisser contre un agent de police…

• **Un policier tape un rapport sur l'ordinateur.** Il demande à son collègue :
– Comment ça s'écrit « téléphone » ? Avec un « f » ou « ph » ?
– Heu… C'est « ph », je crois.
– Merci ! Je confonds toujours avec « télégraphe ».

• **Qu'est-ce qu'un policier sur un tracteur ?**
Un poulet fermier !

• **Un policier arrête un véhicule qui est passé au rouge…**
– Police nationale, vos papiers, s'il vous plaît !
– Qu'est-ce que j'ai fait ? demande l'automobiliste.
– Vous êtes passé au rouge !
– Ah bon ? Excusez-moi, monsieur l'agent, mais le feu rouge est placé devant un arbre vert et comme je suis daltonien…
– Et alors ? En Daltonie on passe peut-être au rouge mais pas en France !
– Mais monsieur l'agent, la daltonie n'est pas un pays…
– Vous vous moquez de moi ? Je sais très bien que ce n'est pas le pays, c'est la capitale !

• **On ne dit pas « un poulet entier ».**
Mais on dit… « un commissariat » !

• **Trois blondes décident d'entrer dans la police.** Un commissaire leur fait passer un dernier test. Il présente la photo de profil d'un détenu à la première blonde et lui demande ce qu'elle remarque sur cette photo :
– Ben… Il n'a qu'un œil ?
– Quoi !? Je vous ai dit que c'était une photo de profil ! Quelle conne !
Il présente alors la photo à la deuxième blonde.
– Que remarquez-vous ?
– Ben… Il n'a qu'une oreille ?

– Mais quelle conne ! J'ai dit qu'il s'agissait d'une photo de profil !!!
Il montre enfin la photo à la troisième blonde.
– Que remarquez-vous ?
– Ben… Il porte des verres de contact !
– Bravo ! Bien observé ! Cette personne porte effectivement des verres de contact. Vous êtes recrutée. Bienvenue parmi nous !
Dès le lendemain, la blonde commence son travail au commissariat. Ses collègues l'accueillent et lui demandent :
– Alors ? Tu as passé le test de la photo, comme nous ?
– Oui.
– Et qu'est-ce que tu as répondu ?
– Ben… Comme il n'avait qu'un œil et qu'une oreille, j'ai pensé qu'il ne pouvait pas porter de lunettes et que, donc, il devait porter des verres de contact. Et vous ?
– Pareil…

• **Quelle différence y a-t-il entre une pizza et la police ?**
La pizza arrive plus vite !

• **Comment appelle-t-on le sperme d'un policier ?**
Du blanc de poulet.

• **Le ministère de l'Intérieur veut tester différents services de la police : la DST (Direction de la Surveillance du territoire), le GIGN (Groupe d'Intervention de la Gendarmerie nationale) et la police nationale.** Chacune de ces polices a pour objectif de retrouver un lapin blanc lâché dans un bois. On libère donc trois lapins blancs dans trois bois différents.
La DST encercle le premier bois, puis l'infiltre. Elle place des caméras et des micros un peu partout. Au bout de deux semaines, le patron de la DST conclut que le lapin blanc ne se trouve plus dans le bois et qu'il a dû bénéficier de complicité pour s'en évader.
Le GIGN encercle le deuxième bois. Ils y mettent le feu, tirent

sur tous les animaux qui tentent de s'en enfuir, puis récupèrent dans le bois un petit corps calciné qu'ils présentent comme étant celui du lapin blanc.
La police nationale approche du troisième bois. Les policiers y pénètrent groupés et en ressortent au bout de dix minutes en tenant fièrement par les oreilles un renard à la gueule ensanglantée. Le ministre de l'Intérieur s'approche du renard en piteux état et, avant même qu'il ait le temps de dire quoi que ce soit, le renard hurle :
– Stop ! Ok ! Ok ! C'est moi le lapin blanc !

• **Comment appelle-t-on des policiers qui s'enculent ?**
Une brochette de poulets.

• **Un type passe son examen d'entrée dans la police et doit répondre correctement à trois questions.** L'examinateur lui pose la première :
– Qui a gagné la bataille d'Austerlitz ?
Le futur policier hésite… L'examinateur le met sur la bonne voie :
– Ça commence par un N !
– Heu… Navarro ?
– Non. Na… Na… Napo…
– Napoléon ?
– Oui ! Tenez ! Vous avez droit à votre casquette !
L'examinateur pose ensuite la deuxième question :
– Quel était le nom du dictateur allemand pendant la Seconde Guerre mondiale ? Ça commence par un H.
– Ben… Heu…
– Hi… Hi…
– E.T. l'extraterrestre ?
– Non. Hit… Hit…
– Ah oui ! Hitler !
– Bravo ! Tenez, voici votre ceinturon.

C'est la dernière question, celle qui permet d'obtenir le revolver :
– Qui a tué Jésus-Christ ?
– Alors là… J'sais pas…
– Bon… Alors, revenez dans deux jours avec la réponse.
Le futur policier rentre donc chez lui et sa femme lui demande comment s'est déroulé son examen.
– Super ! fait le futur policier. J'ai eu bon aux deux premières questions et on m'a déjà confié une enquête !

Hommes et femmes en blanc

• **Un chirurgien entre dans la chambre d'un patient et lui annonce :**
– J'ai une bonne et une mauvaise nouvelle.
– Commencez par la bonne, elle me remontera peut-être le moral…
– En vous opérant dans les douze heures, on a une chance de vous sauver !
– Oh, mon Dieu ! Ouf ! Et quelle est la mauvaise ?
– J'ai oublié de vous le dire hier…

• **Un homme se rend à l'hôpital et demande :**
– Je voudrais me faire c… c… c…
– Castrer ?
– Oui !
Peu de temps après l'opération, un copain remarque qu'il marche les jambes écartées.
– Pourquoi tu marches ainsi ? On dirait que tu t'es fait circoncire !
– Ah voilà ! C'est le mot que je cherchais !

• **Une femme dont le mari vient de passer sous un rouleau compresseur arrive en courant à l'hôpital…**
– Mon mari vient d'être admis chez vous ? Je peux le voir ?
À l'accueil, l'infirmière consulte son ordinateur et confirme :
– Effectivement ! Il est en chambre 110, 111 et 112 !

• **Un violent incendie se déclare dans un hôpital.** Les patients sont évacués d'urgence, et alors que tout le monde est réuni dans la cour, que les flammes ont désormais totalement embrasé le bâtiment, une forte odeur de caramel se répand dans l'air… Une infirmière s'écrie alors :
– Mince ! On a oublié le diabétique de la 54 !

• Une femme a rendez-vous chez le dentiste…
– Docteur, je me suis cassé une dent en croquant la fève…
– Alors vous avez droit à une couronne !

• Dans un hôpital, un homme en blouse blanche entre dans une chambre et interroge le patient :
– Vous avez eu combien de fractures ?
– Six.
– Vous êtes là depuis combien de temps ?
– Douze jours.
– Savez-vous combien on vous a fait de points de suture ?
– Oui, vingt-huit. Dites, docteur, savez-vous dans combien de temps je sors ?
– Je ne suis pas docteur, je suis peintre ! Je fais ma grille de loto !

• Une jeune femme se rend chez un gynécologue.
– C'est la première fois que l'on se voit, est-ce aussi la première fois que vous consultez un gynécologue ?
– Oui…
– Déshabillez-vous et allongez-vous ici, je vais vous examiner.
La jeune femme s'exécute.
– Est-ce que vous êtes toujours vierge ? lui demande le gynécologue.
– Oui, docteur.
Le docteur l'examine et lui dit :
– Oui, votre hymen est intact cependant… j'aperçois sept tout petits trous dedans ? C'est la première fois que je vois ça ! Est-ce que vous avez une explication, mademoiselle… Quel est votre nom déjà ?
– Blanche-Neige, docteur.

J'AI UNE BONNE ET UNE MAUVAISE NOUVELLE !
QUELLE EST LA MAUVAISE ?
JE VAIS DEVOIR VOUS EXTRAIRE UNE DENT !
AH... ET QUELLE EST LA BONNE ?
LA BONNE NOUVELLE, C'EST QUE LES AUTRES VONT TOMBER TOUTES SEULES...
CHAUVIN

• **Une mère s'inquiète pour son fils et l'emmène voir un psychiatre.** Elle explique à ce dernier :
– Mon fils est trop renfermé sur lui-même, il a des blocages. Il bloque avec ses professeurs, il bloque avec ses camarades de classe, il bloque avec tout le monde.
Après une semaine de consultations quotidiennes, la mère téléphone au psychiatre et lui demande :
– Que se passe-t-il ? Mon fils bave, il se frappe la tête contre les murs, il hurle…
– Ne vous inquiétez pas, répond le psychiatre. Il est guéri : il débloque !

• **Il y a trois avantages à avoir la maladie d'Alzheimer :**
1 – On peut chercher toute l'année les œufs de Pâques que l'on a cachés.
2 – On se fait tous les jours des nouveaux amis.
3 – Et on peut chercher toute l'année les œufs de Pâques que l'on a cachés !

• **Un homme dont le testicule gauche est enflammé cherche dans les pages jaunes de l'annuaire le numéro de téléphone d'un urologue.** En composant le numéro, il se trompe et appelle un avocat… Ce dernier lui répond :
– Bonjour, monsieur. Que puis-je pour vous ?
– Je vous appelle parce que j'ai le testicule gauche enflammé…
– Vous faites erreur, répond l'avocat, ma spécialité c'est le droit !
– Oh, pardonnez-moi ! Et vous ne pourriez pas me conseiller un confrère qui s'occupe du gauche ?

• **Un homme se rend chez son médecin…**
– Docteur, ça ne va pas du tout !
– Allons, allons ! Ne vous en faites pas, vous êtes solide comme un chêne !
– Oui mais… c'est du côté du gland que ça ne va pas.

• **Un homme déprime au comptoir d'un bar et pleure toutes les larmes de son corps...** Un client tente de le réconforter :
– Quelque chose ne va pas ? Je peux vous aider ?
– Non, vous ne pouvez rien... Mon médecin vient de m'annoncer que j'allais devoir prendre des pilules jusqu'à ma mort !
– Ce n'est que ça ? Vous savez, beaucoup de gens doivent prendre un traitement jusqu'à la fin de leur vie !
– Oui, je sais. Mais moi, il m'a prescrit une boîte de vingt pilules non renouvelable !

• **Un médecin sort d'une salle d'accouchement.** Un futur papa se précipite sur lui...
– Alors ? Comment ça s'est passé ?
– Eh bien... J'ai une bonne et une mauvaise nouvelle à vous annoncer.
– Je vous écoute, docteur. Quelle est la mauvaise ?
– Il est roux.
– Et la bonne ?
– Il est mort.

• **Un homme se rend chez son docteur et lui demande :**
– Je vous en supplie, faites-moi connaître les douleurs de l'enfantement !
– Je crains que cela ne soit pas possible...
Le lendemain, l'homme revient voir son médecin :
– Je connais les douleurs de l'enfantement. Je vous en supplie, faites-moi accoucher ! Vite !
– Mais qu'est-ce que vous racontez ? Et pour commencer, comment pourriez-vous connaître les douleurs de l'enfantement ?
– Comme vous aviez refusé de m'aider, répond l'homme, j'ai avalé deux boîtes de laxatifs et je me suis cousu le trou du cul !

• **Un homme va chez son médecin.**
– Alors docteur, vous avez les résultats de mon scanner?
– Oui.
– Et?
– Ce n'est pas très bon… Vous avez un cancer.
– C'est pas possible! Que faut-il que je fasse?
– Si vous le souhaitez, vous pouvez prendre des bains de boue…
– Ça peut me guérir?
– Non, mais ça peut vous habituer à la terre.

• **Le Père Noël se rend chez le psychiatre:**
– Docteur, il faut m'aider.
– Quel est votre problème?
– Je ne crois plus en moi…

• **Une femme demande à son médecin:**
– Qu'est-ce que j'ai?
– Vous avez une maladie incurable, vous allez mourir dans environ deux mois…
– Quoi! Si vous permettez, j'aimerais quand même avoir un second avis!
– Bien entendu! En plus, vous êtes moche!

• **Un homme s'apprête à se faire amputer d'une jambe.** Le chirurgien demande à son patient:
– Comment souhaitez-vous être anesthésié?
– Je ne sais pas, c'est vous le chirurgien!
– Vous préférez la méthode la plus chère ou bien la moins chère?
Le patient réfléchit, puis se décide enfin:
– Eh bien, la moins chère!
Le chirurgien attrape alors sa scie et se met à chanter:
– Fais dodo, Colas mon p'tit frère, fais dodo, t'auras du lolo. Fais dodo…

Opération séduction

• **Lors d'un bal de charité, un homme de la haute société invite une dame à danser une valse.** Alors qu'ils sont sur la piste, l'homme ne peut contenir un pet…
– J'espère que cela restera entre nous, dit-il gêné à sa cavalière.
– J'espère au contraire que ça va circuler !

• **Un gars se décide à aller demander la main de sa copine à son futur beau-père.** Ce dernier a la réputation d'être désagréable et sa fille prévient son futur mari :
– Il va refuser, j'en suis sûre ! Il va te mettre plus bas que terre, jamais il ne t'acceptera !
– Ne t'inquiète pas, chérie. Je te promets qu'il va m'accorder ta main !
Le gars se rend chez le père, qui accueille sèchement son futur gendre.
– Vous osez me demander la main de ma fille avec un chewing-gum dans la bouche ? Pour qui vous vous prenez ?
– Eh bien… J'ai pris un chewing-gum pour cacher l'odeur de la cigarette.
– Parce qu'en plus vous fumez ?
– Oui. Mais seulement quand je bois, c'est pour masquer mon haleine !
– Vous buvez… Quelle honte !
– Je sais, ce n'est pas bien… C'est une mauvaise habitude que l'on prend quand on sort en boîte de nuit.
– Vous faites la bringue ? Mais quel genre d'individu êtes-vous ?
– C'est-à-dire que lorsque je suis sorti de prison, j'ai éprouvé le besoin de profiter de la vie, alors… je fais la fête !
– Mon Dieu ! Vous avez fait de la prison ?
– Oui, j'ai tué quelqu'un..
– Mais… pour quelle raison ?
– Le type, il voulait pas que j'épouse sa fille !
– Ah bon ? Et… à part ça, vous avez fixé une date pour le mariage ?

• Un gars aborde une fille et lui dit :
– Je vous trouve très jolie.
– Je ne peux pas en dire autant de vous ! lui répond-elle.
– C'est pourtant facile ! Faites comme moi : mentez !

• Une femme envoie un SMS à son doux et tendre :
« Si tu souris, envoie-moi ton sourire. Si tu pleures, envoie-moi tes larmes. Si tu dors, envoie-moi tes rêves… »
Vingt secondes plus tard, elle reçoit la réponse de son mari :
« Suis en train de chier. Je t'envoie quoi ? »

• Un bossu se met à genoux pour demander sa petite amie en mariage :
– Veux-tu m'épouser ? Sans toi, ma vie ne serait qu'un désert !
– Déjà que tu ressembles à un dromadaire…

• Une femme à son mari :
– J'ai envie de toi…
– Tu veux un beau mâle viril contre toi ?
– Non, j'ai envie de toi, pas d'un autre !

• Une jeune fille rentre chez elle et annonce à son père :
– Un copain m'a dit que j'avais un beau châssis et des airbags confortables ! Tu t'y connais, toi, en voiture ?
– Oui ! répond le père. Et tu diras à ce copain que si jamais il ouvre le moteur pour y mettre de l'huile, je lui pète son pot d'échappement !

• Un gars aborde une fille mais cette dernière l'envoie balader…
– Tu perds ton temps, je n'aime pas les crocodiles ! lui dit-elle.
– Les crocodiles ?
– Oui, les grandes gueules courtes sur pattes !

• **Une jolie femme frappe à la porte de son voisin.** Ce dernier lui ouvre et elle lui demande :

– Bonjour ! Je suis un peu gênée de vous demander cela, mais… Ce soir, j'ai envie de m'amuser. De faire la fête, de danser, de boire un peu et peut-être même de faire l'amour en fin de soirée… Vous avez quelque chose de prévu, ce soir ?

– Heu… Non, je suis libre !

– Génial ! Vous pouvez garder mon chien ?

• **Un homme frappe à la porte d'une jeune fille.** Cette dernière ouvre à l'inconnu, qui lui dit :

– Si je vous donne 50 euros, vous accepteriez de coucher avec moi ?

La jeune femme lui claque la porte au nez ! Mais l'homme refrappe à la porte…

– Quoi encore ! dit-elle en entrouvrant la porte. Vous n'avez pas compris ?

– Et si je vous donne 150 euros pour coucher avec moi ?

La jeune femme est dans le désœuvrement le plus total. Elle n'a pas payé son loyer depuis trois mois et n'a rien mangé depuis deux jours… Pourtant, elle refuse :

– Non, je ne veux pas.

– Permettez-moi d'insister. Je peux vous donner 300 euros pour coucher avec vous. Et si je suis satisfait, je vous donnerai 300 euros à chaque fois !

La jeune femme finit par craquer… Ils couchent ensemble et l'homme revient la voir tous les deux ou trois jours pendant deux mois. Un jour, tout en lui donnant ses 300 euros, il lui annonce :

– C'était la dernière fois que l'on se voit, je n'ai plus d'argent à te donner, je ne reviendrai pas…

– Ah… Je ne sais pas grand-chose de vous, dit la jeune femme. Vous venez d'où ?

– Je travaille souvent sur Paris mais j'habite à Brest.

– À Brest ? Mais moi aussi, je suis de là-bas ! Vous connaissez la boulangerie de la rue du Port ?
– Oui, très bien.
– Eh bien, c'est ma mère qui la tient !
– Je sais, je connais très bien votre mère. Elle m'a dit : « Ma fille habite à Paris mais elle est dans le besoin. Puisque vous y allez, pourriez-vous lui apporter ces 7 000 euros que je m'apprêtais à lui envoyer ? »

• **Un garçon se jette sur une fille et l'embrasse goulûment !**
– Hé ! Mais qu'est-ce que tu fais ! dit la fille en parvenant à se dégager.
– Je n'y peux rien, répond le garçon, c'était l'appel de l'amour !
– Je sais pas si c'était la pelle, lui répond-elle, mais j'ai bien senti le manche !

• **Dans une boîte de nuit, toutes les filles tournent autour du même gars.** Un type qui est né avec trois couilles s'approche de lui et le provoque devant les filles :
– Hé ! Tu sais qu'à nous deux on a cinq couilles ?
– Pourquoi, lui répond l'autre, tu n'en as qu'une ?

• **Un samedi en fin de journée, place Vendôme, un homme entre dans une bijouterie en compagnie d'une ravissante et belle jeune femme.** Il lui fait essayer des bagues, des colliers, et la jeune femme choisit finalement un beau bracelet en or serti de diamants. L'homme rédige un chèque de 75 000 euros au vendeur. Ce dernier semble hésitant et le client qui s'en aperçoit le rassure :
– Je sais ce que vous êtes en train de penser ! Vous ne me connaissez pas, c'est la première fois que je viens dans votre bijouterie. Je vous rédige un chèque et vous vous demandez s'il sera bien honoré ! Je suis navré, je n'avais pas prévu d'acheter un bijou aujourd'hui et je n'ai pas ma carte sur moi… Voilà ce que je vous propose : vous gardez le chèque et le bracelet. Lundi

matin, vous contactez ma banque pour vérifier ma solvabilité et vous faites ensuite porter le bracelet chez mademoiselle. Cela vous convient-il ?

– Absolument, monsieur. Pardonnez-moi, mais nous devons être prudents et…

– Vous êtes tout pardonné !

Le lundi matin, le bijoutier téléphone à l'homme :

– Monsieur, vous m'avez rédigé un chèque en bois !

– Cela n'a aucune importance ! lui répond le client. Vous avez toujours le bracelet et vous n'avez rien perdu. Quant à moi, j'ai pu baiser tout le week-end !

• **Un type demande à une copine :**

– Tu connais la différence entre un steak haché et ma bite ?

– Heu… Non.

– Tu viens manger à la maison ce soir ?

• **Un homme se déshabille devant sa conquête d'un soir, mais à la vue de son pénis, cette dernière éclate de rire :**

– Ah ! Ah ! Ah ! Ton sexe a la taille d'un Tic-Tac !

– Eh bien comme ça, tu auras l'haleine fraîche !

• **En matière de drague, quelle est la règle des trois tirs ?**

1 – Tu l'attires.

2 – Tu la tires.

3 – Tu te tires !

• **Une fille demande à un garçon :**

– À ton avis, quelles sont mes qualités ?

– Ben… Tu es belle, gentille et intelligente !

– Oh, t'es trop mignon ! Et toi, c'est quoi ta principale qualité ?

– Je suis super bon menteur !

• **Un jeune homme se rend chez sa copine pour être présenté à ses parents.** Il est extrêmement tendu, stressé… Bref! Il est mort de peur! Son futur beau-père est, paraît-il, très sévère et il est extrêmement important, aux yeux de sa copine, qu'il lui fasse bonne impression. Le jeune homme est reçu par ses futurs beaux-parents, qui le convient à s'assoir dans le canapé. Le jeune homme, de plus en plus stressé, a des crampes d'estomac. Le père commence à lui poser des questions sur ses études, ce qu'il voudrait faire plus tard, etc. Le jeune a de plus en plus de mal à se contenir. Son ventre gargouille, il faut absolument qu'il lâche un pet… Il se penche un peu et réussit à expulser un pet sans aucun bruit. Il est soulagé… Mais pas pour longtemps! Le pet est extrêmement odorant! Heureusement pour lui, le chien de la maison vient s'asseoir à ses pieds. Il est satisfait de savoir que tout le monde pensera qu'il s'agit du chien. Et effectivement, le père dit:
– Le chien! Fiche le camp! Ça pue!
Le père reprend ensuite son interrogatoire et demande au jeune homme quels sont ses projets d'avenir avec sa fille, que font ses parents, etc. Les crampes d'estomac le reprennent et l'envie de péter est de plus en plus tenace. Le chien étant toujours à ses pieds, il se penche un peu et parvient de nouveau à lâcher un pet toujours non bruyant, mais pestilentiel! Le père crie alors:
– Le chien! Je t'ai dit de ficher le camp! Ça pue!
Mais le chien ne bouge toujours pas… La conversation reprend, le père continue à poser ses questions et le jeune à faire, maintenant sans aucune crainte d'être démasqué, ses vents mauvais. L'air de la pièce devient irrespirable. N'en pouvant plus, le père se lève et hurle:
– Le chien! Je t'en supplie, fiche le camp! Si ça continue, ce type va bientôt te chier dessus!

Les questions cons

• Avec l'augmentation du prix du tabac, ce qui coûtait des clopinettes vaut-il maintenant une fortune ?

• Celui qui a perdu « les doigts dans le cul » doit-il demander sa revanche et risquer de gagner « les doigts dans le nez » ?

• Celui qui s'en bat les couilles, il n'est pas un peu sado-maso ?

• Celui qui se fait un sang d'encre a-t-il un avenir en tant qu'écrivain ?

• Comment les poissons apprennent-ils à nager ?

• Comment Superman fait-il pour se rendre aux toilettes ? Doit-il retirer tout son costume ?

• Dark Vador peut-il se brosser les dents ?

• Est-ce que l'on se mouille tout le temps sous un saule pleureur ?

• Est-ce que le petit Jésus recevait aussi des cadeaux du Père Noël le jour de son anniversaire ?

• Est-ce que les mouches pètent ?

• Est-ce que les portes s'ouvrent lorsqu'un serpent à sonnette passe devant ?

• Faut-il cravacher lorsque l'on est à cheval sur les principes ?

• Faut-il sortir avec du papier toilette lorsqu'il fait un temps de merde ?

- Franchement… comment peut-on se vanter de voir mieux que les autres avec le compas dans l'œil ?

- Harry Potter balaye-t-il devant sa porte ?

- J'ai perdu l'appétit… Mais où est-il passé ?

- L'aveugle qui ne dort que d'un œil… Il s'en fout ?

- La démocratie… Est-ce la version démo ?

- La goutte d'eau qui fait déborder le vase en tombe-t-elle ou pas ?

- Le Téléthon, c'est une fois par an. Et la télécon, toute l'année ?

- Les chauves sont-ils plus rasoir que les autres ?

- Les morses communiquent-ils en morse ?

- Les musulmanes se voilent-elles la face ?

- Les prostituées proposent-elles une carte de fidélité ?

- Ma femme s'appelle Micheline… A-t-elle le droit de monter en queue de train ?

- Mais qui est déjà tombé dans un panneau ?

- N'a-t-on pas plus de chance d'attraper plus de monde en faisant un poisson d'avril au mois de juillet ?

- Nous ne savons pas grand-chose du trou noir. N'est-ce pas troublant ?

- Peut-on poser un lapin à un lièvre ?

- Pisser dans un violon… Est-ce que ça fait chier le violoniste ?

- Pour camoufler des poches sous les yeux, peut-on se coller une braguette sur le nez ?

- Pour pouvoir mettre le grappin sur une fille, faut-il l'enfermer dans les bacs à peluches des fêtes foraines ?

- Pourquoi le rouge à lèvres noir s'appelle-t-il rouge à lèvres ?

- Pourquoi Superman porte-t-il son slip par-dessus son costume ?

- Quand on ne souhaite pas y aller par quatre chemins, faut-il emprunter le cinquième ?

- Quelqu'un s'est-il déjà baigné dans une rivière de diamants ?

- Si une chaussette n'a pas de trou… Comment fait-on pour l'enfiler ?

- Si ça porte bonheur de marcher du pied gauche dans une crotte, pourquoi ne pas le faire volontairement ?

- Si je ne sais pas répondre à une question alors que je suis sous ma douche… Est-ce que je sèche ?

- Si je prends des antioxydants, cela fait-il de moi un djihadiste ?

- Si la vie existe sur une autre planète que la Terre, y a-t-il une chance pour qu'on y trouve du chocolat ?

• Si on mange quelqu'un qui a la chair de poule, aura-t-il le goût du poulet ?

• Sommes-nous plus propres après un bain de foule ?

• Un aveugle peut-il voir la lumière au bout du tunnel ?

• Un borgne cul-de-jatte a-t-il toujours bon pied, bon œil ?

• Une girafe peut-elle se faire le coup du lapin ?

• Une lampe LED peut-elle être belle ?

• Une vieille carte mère est-elle une carte grand-mère ?

• Vaut-il mieux poser une question sans réponse ou donner une réponse qui suscite des questions ?

• Y a-t-il un extincteur dans les crématoriums ?

Les plus courtes sont les meilleures

• **Un aveugle et un manchot se promènent dans un verger.**
– Ça sent bon les pommes ! dit l'aveugle. Attrape-m'en une ! demande-t-il au manchot.
– Pas de problème, montre-moi celle que tu veux !

• **Vous voulez une blague sur Carrefour ?**
Elle ne va pas supermarché…

• **Un couple de Français s'assoit malencontreusement sur des cactus et ils se mettent à hurler.** Des touristes anglais les entendent. Ils accourent à leur secours et leur demandent :
– Do you speak English ?
Et la femme leur répond :
– On s'pique l'cul !

• **Pendant l'entracte d'une pièce de théâtre, deux hommes se retrouvent côte à côte face aux urinoirs.** L'un engage la conversation :
– Belle pièce !
– Mais je vous en prie, regardez devant vous !

• **Un jour, Dieu demanda à Goo de parler plus fort, et depuis Google !**

• **On ne dit pas « je cherche une pile ».**
Mais on dit… « j'ai perdu la face » !

• **Dans un restaurant, un Blanc mange de la salade pendant qu'un Noir s'aide de ses mains pour rogner un os.** Le Blanc lui dit :
– Eh bien ! Je me demande ce que le chien mange chez vous !
Et le Noir lui répond :
– De la salade, monsieur.

• On ne dit pas « manque de pot ».
Mais on dit… « il y a une pénurie de récipients » !

• On ne dit pas « une quiche lorraine ».
Mais on dit… « une blonde du nord-est de la France » !

• On ne dit pas « Madame Météo ».
Mais on dit… « Monsieur met tes bas » !

• Deux fantômes se promènent lorsque soudain l'un d'eux se met à hurler :
– Ouuuuuuh !!!
– Tu crois peut-être me faire peur ? lui demande le second.
– Non, je me suis cogné !

• À la frontière du Pays basque et du Béarn, une fabrique de sandales et l'autre de bérets se font face. À l'entrée de la fabrique de sandales basques, on peut lire écrit en gros sur un panneau : « Ici, on parle basque ! » Et à l'entrée de la fabrique de bérets béarnais, sur un autre panneau : « Ici, on ne parle pas, on travaille ! »

• On ne dit pas « un petit Kiss Cool ».
Mais on dit… « un nain qui se noie » !

• Ta mère est tellement grosse qu'il y a un décalage horaire entre ses deux fesses !

• Ta mère elle est tellement petite qu'elle a toujours la tête dans le cul !

• Un chauve croise un bossu.
– Qu'est-ce que tu transportes dans ton sac à dos ? lui demande le bossu.
– Des peignes pour tes cheveux !

• **Une boîte de nuit et une morgue se font face.** À l'entrée de la boîte de nuit on peut lire : « On est mieux ici qu'en face ! » Et à l'entrée de la morgue on peut également lire : « Ceux d'ici viennent d'en face ! »

• **On ne dit pas « un inconnu ».**
Mais on dit… « passe-partout » !

• **On ne dit pas « défoncer ».**
Mais on dit… « éclaircir » !

• **– Pète et Répète sont dans un bateau, Pète tombe à l'eau.**
Qu'est-ce qui reste ?
– Répète.
– Pète et Répète sont dans un bateau, Pète tombe…

• **Une feuille d'essuie-tout demande à une feuille de papier toilette :**
– Comment ça va ?
– Toujours dans la merde…

• **Un petit pois à un autre petit pois :**
– On ne s'est pas déjà vus ?
– Si, peut-être en boîte !

• ***Flash info***
À compter du 1er janvier prochain, le sens de circulation va changer en Belgique. Les voitures devront donc circuler à gauche. Au bout de trois mois, si l'expérience s'avère concluante, la mesure sera étendue aux deux-roues et aux camions.

• **On ne dit pas « un pays dangereux ».**
Mais on dit… « le paradis » (anges heureux) !

• **On ne dit pas « Calcutta ».**
Mais on dit… « tu as une chance énorme » !

• **Deux Corses se reposent à l'ombre d'un oranger.** L'un d'eux se plaint d'un mal de tête et supplie son ami d'aller lui chercher un cachet d'aspirine. Deux heures plus tard, l'ami revient avec le cachet…
– Mais !? Il est plein de terre ce cachet ? se plaint le migraineux.
– Bah quoi ? Tu crois pas que j'allais le porter tout ce trajet ? Je l'ai fait rouler…

• **En Bretagne, un touriste excédé par la pluie incessante demande à un Breton :**
– Depuis combien de temps pleut-il comme cela ?
– Je n'en sais rien, moi, je n'ai que 25 ans !

• **Ta mère elle pue tellement que ton père préfère dormir dans les chiottes.**

• **Ta mère pue même par texto !**

• **Sur la grille d'un barbecue, deux saucisses cuisent à côté d'une merguez et ne manquent pas de la critiquer…**
– T'as vu comment elle est foutue ?
– Oui, elle est longue et toute maigre.
– Et puis bonjour l'odeur !
La merguez se tourne vers les saucisses et leur lance :
– J'ai tout entendu !
Et les saucisses s'écrient :
– Mince, on s'est fait griller !

• **On ne dit pas « l'État de grâce ».**
Mais on dit… « Monaco » !

• **On ne dit pas « la mer monte ».**
Mais on dit… « la génitrice est dans les escaliers » !

• **Un type rentre chez lui avec un œil au beurre noir, quelques dents en moins et une côte cassée.**
– Que t'est-il arrivé, mon amour ! s'écrie sa femme.
– J'ai cru qu'une petite pédale m'avait bousculé dans le métro.
– Et alors ?
– Ce n'était pas une petite pédale…

• **« Papa ! Papa ! C'est quoi un vampire ?**
– Tais-toi et bois avant que ça coagule. »

• **La fesse droite téléphone à sa copine la fesse gauche.** Elle demande :
– Dis-moi, tu ne trouves pas que ça sent mauvais dans le couloir ?

• **Ta mère est tellement grosse qu'elle se souvient même plus de ses pieds !**

• **Ta mère elle aime bien par-derrière.** C'est mon chien qui m'a dit ça !

• **Un bègue interpelle un copain dans la rue :**
– Tu… Tu… aaaaaaaas… cin… cin… cin… cinq… mi… mi… nu… minutes ? Jeeeee… vou… vou… voudrais… Teeeee… te… papa… papa… papa… parler… trrrtrrr… trrrtrrr… tren… tren… te… trente… se… se… con… secondes ?

• **Une pute demande à une autre :**
– Hé ! Chérie ! T'as demandé quoi au Père Noël, toi ?
– La même chose qu'aux autres : 50 euros !

• **Un tout petit cow-boy entre dans un bar, l'air furieux :**
– Qui a peint mon cheval en jaune !!!
Un type, genre armoire à glace, lui répond :
– C'est moi. Ça te pose un problème, minus ?
– Heu… Non… C'est quand que vous passez la deuxième couche ?

• **On ne dit pas « mon corridor ».**
Mais on dit… « je me repose » !

• **On ne dit pas « l'échelle ».**
Mais on dit… « suce-la avec ta langue » !

• **Ta mère est tellement chaude que pour se masturber, elle a acheté la foreuse d'Eurotunnel !**

• **Un Schtroumpf se promène en forêt à la recherche de champignons.** Maladroitement, il bute sur la racine d'un arbre et chute en se cognant la jambe sur une vieille souche :
– Sacrebleu ! hurle-t-il. Je vais encore me faire un bleu !

• **Une femme se regarde dans la glace :**
– Je suis devenue vieille, grosse, laide… Qu'est-ce qui me reste d'encore potable ? demande-t-elle à son mari.
– La vue…

• **On ne dit pas « je vais faire un testament ».**
Mais on dit… « je vais faire l'amour avec un autre » !

• **Obélix demande à Astérix :**
– Dis-moi, c'est quoi la sodomie ? Un nouveau pays ?
– J'sais pas… mais c'est certainement un truc des Romains pour emmerder la Gaule !

• **On ne dit pas « c'est un bavarois ».**
Mais on dit… « ce monarque parle trop » !

• **Un médecin dit à sa patiente :**
– J'ai une excellente nouvelle à vous annoncer, madame !
– Pas madame, mademoiselle.
– Ah… Mademoiselle, j'ai une mauvaise nouvelle à vous annoncer…

• **On ne dit pas « j'ai vaincu ».**
Mais on dit… « je suis pluri-anal » !

• **Sur la place de l'église, le curé croise un de ses paroissiens.**
Ce dernier sort du café et titube. Le curé lui lance :
– Encore ivre !
Et le type lui répond :
– Moi aussi, monsieur le curé !

Les belles-mères

• **Quelle différence y-a-t-il entre un accident et une catastrophe ?**
Un accident, c'est lorsque votre belle-mère tombe par la fenêtre. La catastrophe, c'est lorsqu'elle se relève !

• **Des belles-mères et leurs belles-filles participent à un voyage organisé.** Un car est composé uniquement des belles-mères et il est suivi par celui des belles-filles. Malheureusement, celui des belles-mères manque un virage et tombe dans un ravin… L'autre car s'arrête, les belles-filles en descendent et constatent que le car de leurs belles-mères est en feu ! Elles se mettent alors toutes à chanter de joie ! Elles sont enfin débarrassées de leurs belles-mères ! Toutes font la fête, sauf une qui est en pleurs…
– Qu'avez-vous ? lui demande le chauffeur du car. Vous aimiez votre belle-mère ?
– Non, répond-elle, elle a raté le car !

• **Comment rendre les belles-mères utiles après leur mort ?**
En les enterrant le cul en l'air pour en faire des garages à vélo !

• **Quel point commun y a-t-il entre un pruneau et une belle-mère ?**
C'est tout fripé et ça fait chier !

• **Un type dit à son collègue :**
– Ma belle-mère est devenue propriétaire !
– Ah bon ?
– Oui, je lui ai acheté un terrain !
– Tu es sympa avec ta belle-mère, toi !
– Oui. Mais bon, tu sais, le terrain n'est pas très grand : 2,20 mètres de long, 80 centimètres de large et 3 mètres de profondeur !

• **Une belle-mère et son gendre font une traversée en bateau.** Le gendre amène sa belle-mère à l'avant du bateau pour qu'elle puisse profiter de la vue. Le capitaine prévient la vieille dame :
– Ne restez pas là, une vague pourrait vous emporter !
– De quoi je me mêle ! répond le gendre. C'est ma belle-mère, pas la vôtre !

• **Un car de touristes s'arrête pour observer un fleuve africain.** Soudain, ils voient passer une vieille dame africaine en train d'essayer de faire du ski nautique. Elle est tirée par une pirogue dans laquelle rament une dizaine d'hommes.
– C'est étonnant ! s'écrie un des touristes en s'adressant à son guide. Dans une tribu africaine réputée très machiste, je ne m'attendais pas à voir des hommes faire autant d'efforts pour une vieille dame !
– Vous vous méprenez, lui répond le guide. Il s'agit de la belle-mère du chef de la tribu, il la prête pour la pêche au crocodile.

• **Une procession d'environ une trentaine d'hommes suit un corbillard.** Derrière ce corbillard, un homme tenant en laisse un magnifique doberman marche la tête baissée. Un type remarque le chien et demande à celui qui le tient en laisse :
– Pardonnez-moi… Est-ce le chien du défunt ?
– Oui… fait l'homme. C'est moi qui ai acheté ce chien, pas plus tard que la semaine dernière, pour l'offrir à ma belle-mère… Et c'est ce chien qui l'a dévorée ! Il a tout bouffé ! Ce ne sont que des os rognés que j'accompagne jusqu'au cimetière…
– Veuillez m'excuser de nouveau, fait le type un peu gêné, mais… vous ne pourriez pas me louer ce chien ? Juste deux ou trois jours ?
– Bien entendu ! répond le veuf. Faites la queue, comme tout le monde…

CE COCKTAIL EST DÉLICIEUX !
MERCI BELLE-MAMAN !
C'EST VOUS QUI L'AVEZ PRÉPARÉ ?
BIEN SÛR !
JE L'AI FAIT SPÉCIALEMENT POUR VOUS !
ÇA M'ÉTONNE DE VOUS...
OÙ AVEZ-VOUS TROUVÉ LA RECETTE ?
DANS UN ROMAN D'AGATHA CHRISTIE ...
CHALVIN

• **Invité chez sa belle-mère, un homme termine son repas.** Entre le fromage et le dessert, il attrape un cure-dents dans la boîte posée sur la table. Après s'être soigneusement curé les dents, il dépose la pique dans son assiette.
– Quel gâchis ! s'exclame sa belle-mère. Moi, après m'être curé les dents, je remets toujours le bâtonnet dans la boîte !

• **Quelles différences y a-t-il entre un léopard, une laitue et une belle-mère ?**
Le léopard est tacheté dans le dos, la laitue est achetée au marché et la belle-mère est à jeter par la fenêtre.

• **Quel point commun y a-t-il entre une belle-mère et une pomme de terre germée ?**
C'est mieux dans la terre !

• **Un marin rentre chez lui après plusieurs mois passés en mer.** Il va dans sa chambre, sa femme dort encore… Toujours dans l'obscurité, il se glisse sous les draps, puis fait l'amour à sa femme plusieurs fois. Il se lève enfin et descend se restaurer dans la cuisine. Et là, stupeur ! Il découvre sa femme attablée en train de déjeuner !
– Chéri ! Tu es rentré ? s'étonne-t-elle.
– Mais ? Que… Qu'est-ce que tu fais là ? On vient de faire l'amour dans la chambre ?
– Quoi ! C'est ma mère qui s'est installée notre chambre depuis ton départ !
– Hein !?
– Tu as fait l'amour avec maman !?
La femme monte en courant voir sa mère et hurle :
– Pourquoi tu n'as rien dit ?!!!
Et la mère lui répond :
– Tu plaisantes ou quoi ? Ça fait vingt ans que je ne parle plus à cet abruti !

• **Deux collègues de bureau discutent :**
– Comment ça va ? Tu n'as pas l'air d'être dans ton assiette ?
– Pas terrible… J'ai enterré ma belle-mère, hier.
– Mince… Je suis vraiment désolé pour toi et pour ta femme. Qu'est-ce qu'elle avait ?
– Justement, quasiment rien. Un vieux buffet, 500 euros sur un compte épargne, une vieille armoire…

• **Afin de tester ses trois gendres, une belle-mère décide de feindre la noyade.** Alors qu'elle se promène sur les bords d'un lac en compagnie du premier de ses gendres, elle simule une glissade et chute dans l'eau. Aussitôt, le gendre saute dans le lac et en extrait sa belle-mère. Le lendemain, le gendre a la surprise de découvrir devant sa porte une Twingo toute neuve avec, sur le pare-brise, un petit mot sur lequel est écrit : « De la part de ta belle-mère que tu aimes, et qui t'apprécie. »
Deux jours plus tard, elle entreprend une balade au bord du lac avec le deuxième de ses gendres. La belle-mère simule encore une chute et tombe à l'eau… Le gendre n'hésite pas une seconde : il plonge dans l'eau et sauve sa belle-mère. Le lendemain, le deuxième gendre a lui aussi l'agréable surprise de découvrir devant sa porte une Twingo toute neuve avec, sur le pare-brise, un petit mot sur lequel est écrit : « De la part de ta belle-mère que tu aimes, et qui t'apprécie. »
Quelques jours plus tard, la belle-mère décide de tester son troisième et dernier gendre. Elle se promène en sa compagnie au bord du lac et, encore une fois, chute volontairement dans l'eau… Le gendre regarde sa belle-mère se débattre dans l'eau et lui crie :
– Vous savez nager ?
– Gloups ! Non !
– Vous avez pied ?
– Gloups ! Non ! Gloups !

Et le troisième gendre laisse la belle-mère se noyer… Le lendemain, il a la surprise de découvrir devant sa porte une magnifique Porsche toute neuve avec, sur le pare-brise, un petit mot sur lequel est écrit : « De la part de ton beau-père que tu aimes, et qui t'apprécie… »

Les plus atroces !

• Un homme et une petite fille pénètrent dans un bois. La nuit tombe, les arbres projettent des ombres de plus en plus inquiétantes, des bruits angoissants encerclent les deux visiteurs…

– J'ai peur ! dit la petite fille en serrant la main de l'homme.

– Ne me dis pas ça, pense un peu à moi qui vais devoir rentrer tout seul !

• Un type vient poser une moquette chez une personne âgée. L'homme vide la pièce de ses meubles, puis fume une clope sur le balcon de l'appartement… Il va chercher le rouleau de moquette, l'installe dans la pièce et fume une autre clope dans l'entrée de l'appartement… Il étend ensuite la colle sur le sol et va fumer une nouvelle clope dans la cuisine où la mamie attend patiemment qu'il ait terminé son travail. Il étend la moquette, puis cherche son paquet de cigarettes. Il regarde tout autour de lui et voit, au milieu de la pièce, une bosse…

– Merde… Mon paquet !

Le type n'a pas envie de décoller la moquette et de tout recommencer, alors il saute à pieds joints sur la bosse jusqu'à ce qu'elle disparaisse. Lorsqu'il a terminé, il va dans la cuisine pour annoncer à la mamie qu'il ne lui reste plus qu'à remettre les meubles en place. La mamie lui dit alors :

– N'oubliez pas votre paquet de cigarettes, il est sur la table de la cuisine ! Vous n'auriez pas vu mon bébé Yorkshire ? Je le cherche partout…

• Un femme rentre tard chez elle, monte directement dans sa chambre à coucher et découvre avec stupeur quatre pieds qui dépassent de la couette ! Elle s'empare alors de la batte de base-ball de son mari et se met à frapper violemment la couette jusqu'à ce qu'elle rougisse du sang des deux amants. Après son massacre, elle pose la batte de base-ball, descend au salon et découvre son mari allongé sur le canapé !

– Mais!? Qu'est-ce que… Qu'est-ce que tu fais là? balbutie la femme.
– Ah, tu es rentrée? Ne fais pas de bruit. Tes parents ont débarqué à l'improviste, je leur ai laissé notre chambre!

• **En Espagne, un violent incendie s'est déclaré dans un immeuble.** Une petite fille a ouvert la fenêtre de sa chambre en feu et appelle au secours. Un Espagnol est au pied de l'immeuble et crie à la petite:
– Vas-y, saute! Tou peux sauter!
– J'ai peur! Je vais brûler!
– Non! Tou né vas pas té brûler, saute! Yé souis oune toréador, tou n'as rien à craindre!
Finalement rassurée, la petite fille enjambe la rambarde et se jette dans le vide. Lorsqu'elle arrive au niveau de l'homme en bas, ce dernier pivote légèrement sur lui-même et crie:
– Olé!!!

• **Qu'est-ce qui est noir, qui pue et qui contient vingt-trois seins?**
Le sac-poubelle d'un centre anticancéreux.

• **Comment la femme d'Hitler est-elle morte?**
Elle s'est trompée de douche…

• **Hitler visite un camp de concentration et remarque une jolie petite fille…**
– Quel âge as-tu? lui demande-t-il.
– J'ai vais avoir 6 ans demain, monsieur!
– Je te trouve très optimiste!

• **Une jeune fille demande à son grand-père:**
– Pépé, tu peux me prêter 50 euros pour aller en boîte de nuit?
– Non. Si tu veux 50 euros, t'as que me tailler une pipe!
La jeune fille commence à faire une fellation et s'écrie:

– Pouah ! Mais elle a un goût de merde, ta bite !
– Ouais ! Ton père voulait aller au restaurant…

• Un couple et leur petite fille reçoivent un prêtre à dîner. L'homme d'Église propose à la petite fille :
– Veux-tu dire le bénédicité ?
– Comment il faut faire ? demande la petite fille.
– À voix haute, tu fais une prière pour ceux qui ont faim, ceux qui souffrent, pour les pauvres…
La petite fille commence alors sa prière :
– Seigneur, faites que les seins de la voisine contiennent assez de lait pour que mon papa puisse continuer à téter à sa faim, que ma maman ne souffre plus des siens et que le facteur n'ait plus à les lui masser, et que les enfants tout nus sur l'ordinateur du curé retrouvent des vêtements… Amen !

• Un homme qui souhaite pratiquer la sodomie harcèle sa femme. Cette dernière n'est pas d'accord mais, tous les soirs, il lui en fait la demande. Chaque fois, sa femme est outragée et refuse catégoriquement. L'homme est de plus en plus insistant. Un soir, n'en pouvant plus, elle cède et lui propose :
– J'en ai marre ! Tu n'as que le faire, mais à une seule condition ! Ce sera la première et la dernière fois ! Compris ?
– Oui, chérie. C'est promis ! Je ne te le demanderai plus jamais !
Le mari la pénètre donc et, lorsqu'il a terminé, sa femme lui demande :
– Alors ? Tu as eu ce que tu voulais ? Tu es content ?
Et le mari lui répond :
– Ta gueule ! Je ne parle pas aux enculés !

• Qu'y a-t-il de mieux que de gagner une médaille d'or aux Jeux paralympiques ?
D'avoir encore l'usage de ses quatre membres…

• **Les parents d'une petite fille non-voyante annonce à cette dernière :**
– Chérie ! Nous avons une formidable nouvelle à t'annoncer ! Ce soir, tu vas mettre un peu de cette nouvelle pommade sur tes yeux et demain matin… tu auras recouvré la vue !
La petite fille se met à pleurer de bonheur et, avant d'aller se coucher, se met la pommade sur les yeux. Le lendemain matin, elle rejoint ses parents qui déjeunent dans la cuisine et leur dit avec des sanglots plein la voix :
– Je… Je ne vois pas !
Ses parents lui répondent alors en chœur :
– Poisson d'avril !!!

• **Un enfant demande à son père :**
– Papa, je veux un vélo !
– Non…
– Papa, je veux un vélo !
– J'ai dit non.
– Papa, je veux un vélo !
– Ça suffit ! Non, c'est non !
– Papa, je veux un vélo !
– Mais c'est pas vrai ! s'écrie le père. En plus d'être tétraplégique, il est con !

• **Un jeune prêtre vient remplacer dans une paroisse un curé en arrêt maladie.** Le prêtre reçoit dans le confessionnal les personnes à qui il distribue les punitions :
– Vous me réciterez cinq « Notre Père » et dix « Je vous salue Marie » !
Vient ensuite une femme qui confesse avoir pratiqué une fellation. Le jeune prêtre est un peu gêné… Il ne sait pas quelle pénitence donner. Il sort du confessionnal et demande alors à un enfant de chœur :
– Dis-moi ! C'est combien la fellation ?
– C'est toujours pareil : 10 euros !

• **De quoi Hitler est-il mort?**
D'une crise cardiaque lorsqu'il a vu sa facture de gaz.

• **« Dis, maman! Je peux avoir un chat?**
– Non! Tu sais bien qu'on n'en mange qu'à Noël! »

• **Un curé se rend chez son médecin.**
– Je suis inquiet, lui dit-il, j'ai un bouton blanc et dur sur le pénis.
Le docteur demande au curé de se déshabiller et observe le bouton. Puis il le pince, et l'arrache d'un coup sec!
– Aïe! fait le curé. Alors docteur, qu'est-ce que c'était?
– Une dent de lait…

• **Quel système les Chinois ont-ils trouvé pour faire le travail de cent hommes?**
Dix enfants…

• **Un homme qui vient de se faire amputer d'un bras décide de se suicider.** Il ouvre la fenêtre de son appartement qui se situe au 5e étage et, au moment où il s'apprête à sauter, il aperçoit en bas de l'immeuble un manchot en train de danser! L'homme descend aussitôt en bas de chez lui parler au manchot…
– C'est extraordinaire! Vous m'avez sauvé la vie, vous m'avez redonné goût à la vie!
– Comment ça? fait le manchot étonné tout en continuant à danser.
– Eh bien, figurez-vous que je déprimais parce que je me suis fait amputer d'un bras. J'allais sauter par la fenêtre et je vous vois, sans vos deux bras, heureux et en train de danser!
– Si je danse, répond le manchot, c'est parce que je ne peux pas me gratter les couilles!

• **Quelle différence y a-t-il entre séduire et violer?**
Un peu de patience.

• **Antoine rencontre une jolie jeune fille encore vierge.** Il la courtise pendant plusieurs mois jusqu'à ce qu'elle se décide enfin à céder à ses avances. Antoine la prévient et la rassure:
– Tu sais, faire l'amour, ce n'est pas très compliqué, je serai très tendre avec toi. Il faut que tu saches que je suis capable de te donner énormément de plaisir… Plus que n'importe quel autre homme! Pour cela, il faut juste que je me repose toutes les cinq minutes. Et puis, moi aussi, je suis timide… Je ne fais l'amour que dans le noir.
Comme la jeune fille habite encore chez ses parents et que le monsieur est marié, il l'emmène dans sa caravane. Là, il lui fait l'amour comme une bête, dans le noir. Toutes les cinq minutes, il s'arrête et part se reposer. Il revient une minute après et recommence, toujours dans le noir, à lui faire l'amour. Et c'est comme ça toute la nuit. Au petit matin, alors que le jour pointe et que l'amant est parti se reposer, la jeune fille se lève péniblement, et ouvre la porte de la caravane. Elle est surprise par la présence d'un type louche derrière la porte qui s'apprêtait à entrer. Elle lui dit:
– Il… Il… Il est où Antoine?
– Le mec qui vend les billets ou celui qui filme?

• **Comme fait-on descendre les Noirs des arbres dans le Montana?**
En coupant la corde!

• **Une femme sur le point d'accoucher arrive à l'hôpital.**
Les contractions sont très rapprochées et la femme ne peut s'empêcher de pousser pour mettre au monde son bébé. C'est finalement dans l'ascenseur que l'enfant naît… La femme pleure toutes les larmes de son corps. Une infirmière tente de la consoler:

– Ne pleurez pas ! Tout s'est très bien passé !
– Oui… Mais j'ai tellement honte d'avoir accouché dans l'ascenseur et d'avoir lâché des pets en poussant !
– Ce n'est rien, madame. Ça peut arriver… La preuve : il y a deux ans, il y a une femme qui a accouché devant l'hôpital ! Sur les marches ! Et en poussant, elle avait fait caca ! Ah ! Ah ! Ah ! Ici, tout le monde en rit encore…
– Ouiiiiiin !!! C'était moi aussi !

• **Une femme vient de perdre son mari.** Le croque-mort arrive pour faire la toilette du mort et l'habiller avant que la famille et les amis ne viennent rendre visite au défunt. La femme dit au croque-mort :
– Je suis très ennuyée… Mon mari portait une moumoute et personne ne le savait ! Il a toujours voulu cacher sa calvitie et je suis la seule à connaître la vérité. Si sa moumoute vient à tomber… si quelqu'un le voyait ainsi… il en aurait été très chagriné !
– Je comprends, madame. Je comprends.
– Oui… Vous pourriez faire en sorte qu'elle ne tombe pas ?
– Mais bien entendu, madame !
Le croque-mort prépare le corps. La famille et les amis rendent ensuite visite au défunt et tout se passe pour le mieux, la moumoute ne tombe pas. Après l'enterrement, la femme remercie le croque-mort :
– Je voulais vous remercier, tout s'est parfaitement déroulé, la moumoute n'est pas tombée… Est-ce que je vous dois quelque chose pour ce service ?
– Non, ce n'est rien, madame. Après tout, ce ne sont que quelques clous…

• **Un couple a un terrible accident de voiture.** Le mari en sort indemne mais la femme tombe dans un profond coma. Tous les jours depuis l'accident, le mari se rend à l'hôpital pour voir sa femme. Il lui parle et tente de la sortir de son état. Les

jours, les semaines et les mois passent sans le moindre signe de retour à la vie… Les médecins n'ont plus d'espoir et proposent au mari d'arrêter de maintenir sa femme artificiellement en vie. Le mari s'y oppose catégoriquement. Deux ans ont passé…
Le mari continue de rendre visite à sa femme. Il lui parle, il la touche pour tenter de la stimuler. Un jour, il éprouve l'envie de lui faire l'amour. Alors, il sort son sexe et introduit celui-ci dans la bouche de sa femme… Soudain, la femme se met à tousser ! Elle ouvre les yeux, puis les referme aussitôt… Le mari se retire et va immédiatement prévenir le personnel soignant. Il raconte ce qui s'est passé… Le docteur décide de renouveler l'expérience lui-même, il est préférable que ce soit lui qui régule ce retour à la vie qui doit s'effectuer en douceur. Ce dernier baisse alors sa braguette, sort son sexe et l'introduit dans la bouche de la femme. Au bout d'un moment, celle-ci ouvre effectivement les yeux ! Elle toussote ! Tous les instruments de mesure semblent indiquer qu'elle revient à la vie. La femme écarquille maintenant les yeux, elle a reconnu son mari qui se tient debout au fond de la chambre ! Elle tousse ! Tousse encore ! Le docteur maintient son sexe dans la bouche de la femme tout en contrôlant les différents appareils de mesure. La femme semble maintenant vouloir dire quelque chose à son mari ! Pendant ce temps, le médecin s'active de plus en plus vite dans la bouche afin de maintenir la femme éveillée. Soudain ! L'électrocardiogramme devient plat… La femme ferme les yeux. Le docteur retire son sexe, et la femme pousse son dernier souffle… Le docteur n'a plus qu'à constater le décès…
– Que… Qu'est-il arrivé ? demande le mari. Elle n'était pas sortie du coma ?
– Si, répond le docteur, mais… soit elle est morte étouffée, soit elle a avalé de travers !

Les répliques de cinéma les plus drôles

– Vous croyez qu'il se rend compte qu'il est paralysé ?
– Ben, quand il veut aller d'un endroit à un autre, il doit finir par s'en apercevoir !
***Un air de famille* (1996) de Cédric Klapisch avec Jean-Pierre Bacri, Catherine Frot**

– On y va à trois.
– Attends ! Quand on y va à trois, on y va à trois ? Ou bien on compte jusqu'à trois… et puis on y va ?
***L'Arme fatale 2* (1989) de Richard Donner avec Mel Gibson, Joe Pesci**

– Je meurs, Roger ! J'ai si froid !
– Léo, vous êtes allongé sur de la glace…
– Ah bon ?
***L'Arme fatale 3* (1992) de Richard Donner avec Mel Gibson, Joe Pesci**

– Amonbofis, il faut changer l'eau des crocodiles, c'est une infection !
– Ah ? Je sens rien moi… Non, pourtant, j'ai installé l'évacuation des eaux usagées comme on fait tout le temps !
– C'est bien ça le problème avec vous, Amonbofis, vous faites toujours comme on fait tout le temps !
– Bah, puisqu'on a tout le temps fait comme ça…
***Astérix et Obélix, Mission Cléopâtre* (2002) d'Alain Chabat avec Gérard Depardieu, Christian Clavier, Djamel Debouze, Alain Chabat**

– Tu as vu la taille de ce nez?
– Ça c'est sûr, c'est un roc, c'est un cap, que dis-je, c'est un cap… C'est une péninsule!
– Au lieu d'essayer de faire de la littérature, tu pourrais peut-être m'aider à trouver une solution!
***Astérix et Obélix, Mission Cléopâtre* (2002) d'Alain Chabat avec Gérard Depardieu, Christian Clavier, Djamel Debouze, Alain Chabat**

– Tu fumes après l'amour, toi?
– J'en sais rien, baby: j'ai jamais regardé!
***Austin Powers 2 – L'espion qui m'a tirée* (1999) de Jay Roach avec Mike Myers, Heather Graham**

Ah, les Français, ça voyage mal, c'est comme le camembert!
***Banzaï* (1983) de Claude Zidi avec Coluche, Valérie Mairesse**

– Si la pluie continue, les fraisiers seront en retard.
– Mais les grenouilles seront en avance…
***Les Barbouzes* (1964) de Georges Lautner avec Lino Ventura, Bernard Blier, Francis Blanche**

– Ben, pourquoi il est parti avec les meubles?
– Parce que c'est peut-être les ch'iens…
– Quels chiens?
– Les meubles!
– Mais pourquoi donner ses meubles à des chiens?
– Mais non, les ch'iens pas les t'iens, il les a pas donné à des t'iens, ses meubles, il est parti avec.
– Mais pourquoi vous dites qu'il les a donnés?
– Mais j'ai jamais dit ch'a?
– Pourquoi les chats, vous m'avez dit des chiens?
– Les ch'iens à lui!
– Ahhhhh! Les siens, pas les chiens! Les siens?
– Oui, les ch'iens c'est ch'a.

– Les chiens, les chats, putain, mais tout le monde parle comme vous ici ?
***Bienvenue chez les Ch'tis* (2008) de Dany Boon avec Kad Merad, Dany Boon, Zoé Félix**

– 1, 2, 3, 4, 5, 6. 6, le chiffre parfait.
– Ah oui, c'est pas plutôt 3 ?
– Si, mais y m'reste six balles…
***Le Bon, la Brute et le Truand* (1966) de Sergio Leone avec Clint Eastwood, Eli Wallach, Lee Van Cleef**

– T'es debout, là ?
– Ouais, pourquoi ?
– Parce qu'on dirait que t'es loin !
***Brice de Nice* (2005) de James Huth avec Jean Dujardin, Bruno Salomone, Clovis Cornillac**

– Je ne vois aucun endroit moelleux où atterrir !
– Tu peux toujours compter sur ton cul !
***Bridget Jones : l'âge de raison* (2004) de Beeban Kidron avec Renée Zellweger, Hugh Grant**

– Oh putain, je me suis niqué 3827 kilos de gonzesses, je me dégoûte des fois, tu sais. Et toi, t'en es à combien ?
– 125.
– Eh ben mon vieux, faut t'y mettre !
– Attention, en une seule fois !
***Les Bronzés* (1978) de Patrice Leconte avec Michel Blanc, Marie-Anne Chazel, Christian Clavier, Thierry Lhermitte**

– J'ai pas trouvé ma case, j'ai dû passer la nuit avec cette charmante dame aux sanitaires.
– Je précise que je peux être charmante ailleurs qu'aux sanitaires.
***Les Bronzés* (1978) de Patrice Leconte avec Michel Blanc, Marie-Anne Chazel, Christian Clavier, Thierry Lhermitte**

– Tu sais pas avec qui tu couches, toi ?
– Quand tu reçois un bouquet de fleurs, même s'il y a pas de carte de visite, tu les mets dans un vase, tu les fous pas à la poubelle…
***Les Bronzés 3 – Amis pour la vie* (2006) de Patrice Leconte avec Michel Blanc, Marie-Anne Chazel, Christian Clavier, Thierry Lhermitte**

– Bon ben… À la vôtre, hein !
– Santé.
– Merci, hein…
– Puis, bonne chance surtout…
– Ah ? Le bouchon a sauté…
***Les Bronzés font du ski* (1979) de Patrice Leconte avec Michel Blanc, Marie-Anne Chazel, Christian Clavier, Thierry Lhermitte**

– Nous, ça fait trente ans qu'on vient ici.
– Trente ans… Mais pourquoi vous n'achetez pas une maison ici, alors ?
– Ben non, on serait obligés de venir là tout le temps !
– Mais puisque ça fait trente ans que vous venez ici tous les ans ?
– Oui, mais c'est pas pareil. Là, si on veut, on peut aller ailleurs ! C'est ça, le camping !
***Camping* (2006) de Fabien Onteniente avec Franck Dubosc, Gérard Lanvin, Mathilde Seigner, Claude Brasseur**

– Ça, c'est la cerise qui fait déborder le vase !
Camping **(2006) de Fabien Onteniente avec Franck Dubosc, Gérard Lanvin, Mathilde Seigner, Claude Brasseur**

– Mais pourquoi j'm'énerverais ? Monsieur joue les lointains ! D'ailleurs, j'peux très bien lui claquer la gueule sans m'énerver !
Le Cave se rebiffe **(1961) de Gilles Grangier avec Jean Gabin, Bernard Blier, Martine Carol, Bernard Blier**

– Mais j'rêve pas, c'est l'équipe de fer ? Tiens, je disais justement à Saïd : « C'pauvre plouc avec les mauvais yeux qu'il a, maintenant, va bientôt falloir mettre des filets au bord de la route pour pas qu'il aille se foutre dans le ravin. » Eh bien bravo, jeunes gens !
– T'as une barre de remorquage ?
– J'ai tout ce qu'il faut, toujours. Quand tu roules devant moi, j'emporte même un moteur de rechange ! T'arriveras plus à me surprendre. Enfin, ce coup-là, on n'aura pas à creuser, c'est déjà ça… J'aime mieux t'opérer en surface. Parce que, parti comme t'étais l'autre coup, en améliorant un peu, fallait appeler les spéléologues !
Cent mille dollars au soleil **(1964) d'Henri Verneuil avec Jean-Paul Belmondo, Lino Ventura, Bernard Blier**

– Tu vas encore traîner un peu, tu feras encore des p'tites saloperies, comme ça, pour la gamelle, puis tu glisseras doucement vers la côte des Palmes. Tu finiras clodo à Abidjan et tu te feras descendre un jour en piquant un porte-monnaie ou un litre de rouge. Je te filerais bien mon poing dans la gueule, mais t'irais encore te prendre au sérieux.
Cent mille dollars au soleil **(1964) d'Henri Verneuil avec Jean-Paul Belmondo, Lino Ventura, Bernard Blier**

– Et tout ce qui est dans cette salle est comestible. Même moi, je le suis ! Mais ça s'appelle du cannibalisme mes chers enfants et c'est désapprouvé dans la plupart des sociétés !
***Charlie et la Chocolaterie* (2005) de Tim Burton avec Johnny Depp**

– J'ai besoin aussi d'un bon shampoing.
– Bien sûr… C'est pour quel type de cheveux ?
– Euh… Cheveux sales !
***Chouchou* (2003) de Merzak Allouache avec Gad Elmaleh, Alain Chabat, Claude Brasseur**

– Vous voulez un whisky ?
– Juste un doigt !
– Vous ne voulez pas un whisky d'abord ?
***La Cité de la peur* (1994) d'Alain Berbérian avec Alain Chabat, Chantal Lauby, Gérard Darmon, Dominique Farrugia**

– Bien mille fois merci Émile, vous m'avez retiré une fière chandelle du pied !
***La Cité de la peur* (1994) d'Alain Berbérian avec Alain Chabat, Chantal Lauby, Gérard Darmon, Dominique Farrugia**

– Mais, c'était votre deuxième mari ! Votre premier mari aussi a disparu ?
– Mais c'était son travail ! C'était un illusionniste…
– Et il n'est jamais réapparu…
– Pfff! C'était un piètre illusionniste!
***Cluedo* (1985) de Jonathan Lynn avec Eileen Brennan, Tim Curry, Madeline Kahn**

– Dans des circonstances que je tiendrai secrètes, une personne dont je tairai le nom m'a dit des choses que je ne peux pas répéter…
***Comment réussir quand on est con et pleurnichard* (1974) de Michel Audiard avec Jean Carmet, Stéphane Audran, Jean-Pierre Marielle**

– Je constate qu'on a des points communs, c'est tout.
– Quels points communs ?
– Vous picolez, y picole.
– Si tous les gens qui picolent étaient votre fils, vous auriez une drôle de famille !
***Les Compères* (1983) de Francis Veber avec Pierre Richard, Gérard Depardieu**

– C'est pas grave…
– C'est pas grave ! Vous en avez de bonnes ! Qu'est-ce que je vais devenir moi ?
– Eh bien… piéton !
***Le Corniaud* (1965) de Gérard Oury avec Bourvil, Louis de Funès**

– Eh ben, voilà ! C'est la majorité ! C'est la majorité ! Laquelle, d'abord ? Celle qui pensait que la Terre était plate ? Celle qui est pour la peine de mort ? Ou bien celle qui se met une plume dans le cul parce que c'est la mode ?
***Cuisine et dépendances* (1993) de Philippe Muyl avec Zabou Breitman, Jean-Pierre Darroussin**

– C'était votre sœur.
– J'ai pas de sœur.
– Vous n'avez pas de sœur ? Je lui ai dit : « Qui est à l'appareil ? » Elle m'a dit « sa sœur ».
– Il a appelé Marlène !
– C'est pas votre sœur ?

– C'est son nom « Sasseur » ! Marlène Sasseur!
***Le Dîner de cons* (1998) de Francis Veber avec Thierry Lhermitte, Jacques Villeret, Daniel Prévost**

– Vous faites peine à voir. On dirait un cheval qu'a raté une haie… On vous abattrait, sur un champ de course!
***Le Dîner de cons* (1998) de Francis Veber avec Thierry Lhermitte, Jacques Villeret, Daniel Prévost**

– Où avez-vous appris à dire autant de conneries?
– Deux ans de télé.
***Elle boit pas, elle fume pas, elle drague pas, mais… elle cause!* (1970) de Michel Audiard avec Annie Girardot, Bernard Blier, Mireille Darc**

– Depuis l'épieu mérovingien jusqu'aux roquettes à tête fouineuse, y'a pas une arme que tu connaisses pas!
***Elle cause plus… elle flingue* (1972) de Michel Audiard avec Annie Girardot, Bernard Blier, Jean Carmet**

– Michel, si tu continues, je t'arrache les yeux!
– Tant mieux, comme ça je verrai plus ta gueule!
***Une époque formidable* (1991) de Gérard Jugnot avec Gérard Jugnot, Richard Bohringer, Ticky Holgado**

– Je suis poursuivi, soudain je me retourne, et j'abats deux tueurs avec ma troisième main!
– Avec votre troisième main?
– Ma main qu'est sur le ventre!
– Évidemment, sa troisième main!
– Et c'est là que je me suis donné un coup sur la tête… Grrrr! Paf!
– Un coup sur la tête… Tiens, tiens…
***Fantômas se déchaîne* (1965) d'André Hunebelle avec Louis de Funès, Jean Marais, Mylène Demongeot**

– Oh, je sens plus mes pieds !
– Vous avez de la chance !
***Une époque formidable* (1991) de Gérard Jugnot avec Gérard Jugnot, Richard Bohringer, Ticky Holgado**

– Tends-lui ta main, Fred !
– Si je la lui tends, ce sera au travers de la gueule !!!
***Faut pas prendre les enfants du Bon Dieu pour des canards sauvages* (1968) de Michel Audiard avec Francoise Rosay, Bernard Blier, Marlène Jobert**

– Il a fait les sommations, il a tiré la première balle en l'air. La seconde, il n'a jamais eu le temps de la tirer. Moi, c'est la première que je ne tire pas. Je ne veux pas avoir mon nom sur une plaque de marbre dans le hall de la préfecture.
***Flic ou voyou* (1979) de Georges Lautner avec Jean-Paul Belmondo, Michel Galabru, Marie Laforêt, Jean-François Balmer**

– Y'a pas assez de mousse !
– Oui, mais… Y'a pas assez de cheveux non plus !
***La Folie des grandeurs* (1971) de Gérard Oury avec Louis de Funès, Yves Montand, Alice Sapritch**

– Ein rendez-vous ? Das ist ein gross folie !
– Nein, petite folie. Je peute compter sur vous ?
– Compter ?
– Ja, compe..ter. Ein, zwei, drei, compe..ter…
***La Folie des grandeurs* (1971) de Gérard Oury avec Louis de Funès, Yves Montand, Alice Sapritch**

– J'ai un petit plan pour tous nous évader… Nous rentrons à Madrid, nous conspirons, le roi répudie la reine, la vieille épouse le perroquet, César devient roi, je l'épouse… et me voilà reine!
***La Folie des grandeurs* (1971) de Gérard Oury avec Louis de Funès, Yves Montand, Alice Sapritch**

– Je sais pas ce qui me retient de lui foutre la bécane au travers de la gueule!
– Le règlement, Belmont. Tout simplement le règlement…
***Garde à vue* (1981) de Claude Miller avec Lino Ventura, Michel Serrault, Romy Schneider, Guy Marchand**

– J'ai préféré un grand blond avec une chaussure noire à un grand noir avec un Loden vert.
– Dites-moi, mon petit vieux, pour faire de la littérature, attendez la retraite!
***Le Grand Blond avec une chaussure noire* (1972) d'Yves Robert avec Pierre Richard, Jean Rochefort, Bernard Blier, Mireille Darc**

– Ce que tu peux être con! T'es même pas con, t'es bête. Tu vas jamais au cinoche, tu lis pas, tu sais rien. Si ça se trouve, t'as même pas de cerveau! Quand on te regarde par en dessus, on doit voir tes dents!
***La Grande Sauterelle* (1967) de Georges Lautner avec Mireille Darc, Hardy Krüger, Maurice Biraud**

– Pour aller plus vite… Vous allez prendre le mien qui ne marche pas, et moi je vais prendre le vôtre. Allez hop!
– Mais dites donc! Dites donc, ça fait deux fois que vous me faites ça… Vous m'avez déjà pris mes chaussures, maintenant mon vélo!
***La Grande Vadrouille* (1966) de Gérard Oury avec Bourvil, Louis de Funès, Claudio Brook**

– Adieu ! Et puis non, je suis généreuse : tu me sautes maintenant, ici, sur la table !
– Et pourquoi pas sur des skis ou debout sur un hamac ?
***Le Guignolo* (1980) de Georges Lautner avec Jean-Paul Belmondo, Michel Galabru, Charles Gérard**

– Vous m'avez curé les dents, inspecté les ongles, et si je vous avais laissé faire, vous me seriez presque devenus familiers !
***Le Guignolo* (1980) de Georges Lautner avec Jean-Paul Belmondo, Michel Galabru,**
Charles Gérard

– Je suis ancien combattant, militant socialiste et bistrot… C'est dire si, dans ma vie, j'en ai entendu, des conneries.
***Un idiot à Paris* (1967) de Serge Korber avec Jean Lefebvre, Dany Carrel, Bernard Blier**

– J'ai vu trois de ces cache-poussière tout à l'heure, ils attendaient un train. Y avait trois hommes à l'intérieur des cache-poussière…
– Alors ?
– À l'intérieur des hommes, y avait trois balles.
***Il était une fois dans l'Ouest* (1968) de Sergio Leone avec Charles Bronson, Henry Fonda, Claudia Cardinale**

– À part l'autobus, je vois pas ce que vous êtes capable d'arrêter, vous !
– Me faites pas rire, j'ai des crampes !
***Inspecteur la Bavure* (1980) de Claude Zidi avec Coluche, Gérard Depardieu**

– Et ça coûte combien, ça ?
– Je crois qu'il est à 30 000 euros, mais je peux vérifier si vous voulez.
– Ouais, vaut mieux vérifier quand même ! Ça me parait exagéré comme prix… Vous allez pas acheter cette croûte-là 30 000 euros ? Le mec il a saigné du nez sur un fond bleu, il demande 30 000 euros !
– Allez, arrêtez de dire n'importe quoi et donnez-moi un chocolat.
– Nan.
– Donnez-moi un chocolat ?
– Pas d'bras, pas d'chocolat.
***Intouchables* (2011) d'Olivier Nakache et** Éric **Toledano avec François Cluzet, Omar Sy**

– Elle fait 53 kilos !
– Ah bah c'est bien ça, 53 kilos, mais bon faut pas qu'elle fasse 1 mètre quand même !
***Intouchables* (2011) d'Olivier Nakache et Éric Toledano avec François Cluzet, Omar Sy**

– J'aime bien Goya.
– Moi aussi. Mais bon faut dire que depuis Pandi-Panda elle a rien fait de terrible !
***Intouchables* (2011) d'Olivier Nakache et Éric Toledano avec François Cluzet, Omar Sy**

– Maman, c'est quoi ta matière préférée ?
– Le cachemire, chérie.
– Mais non, à l'école !
***LOL (Laughing out loud)* (2009) de Lisa Azuelos avec Christa Theret, Sophie Marceau, Jérémy Kapone**

– T'as du feu ?
– Celui que t'as au cul te suffit pas ?
***LOL (Laughing out loud)* (2009) de Lisa Azuelos avec Christa Theret, Sophie Marceau, Jérémy Kapone**

– Si un homme dépense autant de fric pour une femme, c'est qu'il attend plus qu'un joli sourire ! C'est une sorte de premier acompte.
– Pardon ?
– Oh, vous savez bien ! Filer un coup de sabre, arroser le persil, bourrer la bonbonnière, dégager le poireau, tirer sa crampe, faire faire un graissage à Paupol…
– Madame Doubtfire…
– Tremper son biscuit, se vidanger le carbure, tailler son crayon, faire un peu de cunnilinguistique…
***Madame Doubtfire* (1993) de Chris Columbus avec Robin Williams**

– Bon. Allez, moi, j'arrête, hein ! J'ai les doigts gelés.
– Ah non, mais t'exagères, hé !
– Tiens, regarde ! Encore dix minutes et c'est l'amputation !
– Attends, c'est fini, j'suis sûr que c'est un bon endroit ici…
– Ouais, p't'être pour stocker du surgelé mais pas pour faire la manche, enfin !
***Marche à l'ombre* (1984) de Michel Blanc avec Gérard Lanvin, Michel Blanc**

– Hé, François ! Si tu passes devant une pharmacie, prends-moi des anti-inflammatoires.
– Ouais… Et si je passe devant une morgue, je t'enverrai une équipe sympa, j'te promets !
***Marche à l'ombre* (1984) de Michel Blanc avec Gérard Lanvin, Michel Blanc**

– Eh bien, la petite a 18 ans.
– Et vous, vous en avez 50.
– Oui, mais j'ai 600 000 francs.
***Marius* (1931) d'Alexander Korda et Marcel Pagnol avec Pierre Fresnay, Fernand Charpin, Raimu**

– Dans les situations critiques, quand on parle avec un calibre bien en pogne, personne ne conteste plus. Y'a des statistiques là-dessus !
***Mélodie en sous-sol* (1963) d'Henri Verneuil avec Jean Gabin, Alain Delon, Viviane Romance**

– Tu recevras ta part dans huit jours si tout va bien, dans vingt piges si tout va mal.
***Mélodie en sous-sol* (1963) d'Henri Verneuil avec Jean Gabin, Alain Delon, Viviane Romance**

– On me propose un boulot dans une station-service, place Perrer. Le pompiste est un pote.
– C'est pas le premier que tu rencontres. La dernière fois que tu as causé avec un pompiste, tu avais même un revolver à la main.
***Mélodie en sous-sol* (1963) d'Henri Verneuil avec Jean Gabin, Alain Delon, Viviane Romance**

– Je m'appelle Mister Kill.
– Y'a des noms qui tuent !
***Meurs un autre jour – James Bond 007* (2002) de Lee Tamahori avec Pierce Brosnan, Halle Berry**

– Beaucoup de politiciens, d'aimables clowns, quelques duchesses, pas mal de putes... La qualité française, quoi !
***Mort d'un pourri* (1977) de Georges Lautner avec Alain Delon, Ornella Muti, Stéphane Audran, Mireille Darc**

– Les deux fléaux qui menacent l'humanité sont le désordre et l'ordre. La corruption me dégoûte, la vertu me donne le frisson.
Mort d'un pourri **(1977) de Georges Lautner avec Alain Delon, Ornella Muti, Stéphane Audran, Mireille Darc**

– Qui c'est ces types ?
– Des représentants.
– En quoi ?
– En souvenirs…
Ne nous fâchons pas **(1966) de Georges Lautner avec Lino Ventura, Mireille Darc, Jean Lefebvre**

– Halte ! Groupir ! Il faut rester groupir !
On a retrouvé la 7e compagnie **(1975) de Robert Lamoureux avec Jean Lefebvre, Pierre Mondy, Robert Lamoureux**

– Ce qu'il faut maintenant, c'est pas rattraper les Allemands qui sont devant… sans se laisser rattraper par les Allemands qui sont derrière.
On a retrouvé la 7e compagnie **(1975) de Robert Lamoureux avec Jean Lefebvre, Pierre Mondy, Robert Lamoureux**

– Ce fusil conviendrait plutôt à une femme.
– Vous vous y connaissez en armes, monsieur Bond ?
– Non, je m'y connais un peu en femmes…
Opération Tonnerre – James Bond 007 **(1965) de Terence Young avec Sean Connery, Bernard Lee, Claudine Auger**

– Alors, ton Olympiade du hold-up, où t'en es ?
– J'vous l'ai déjà dit : on braque un fourgon postal. L'influence anglaise, comme dans tout, quoi…
– D'ici à ce que vous alliez acheter vos cagoules chez Old England, y'a pas loin !
***Le Pacha* (1968) de Georges Lautner avec Jean Gabin, Dany Carrel, André Pousse**

– Tout le monde parle d'infarctus, de cirrhose, de cancer. Moi, je dis que la pire maladie des hommes c'est de donner tout son amour à une seule bonne femme.
***Le Pacha* (1968) de Georges Lautner avec Jean Gabin, Dany Carrel, André Pousse**

– Allez, on y va !
– D'accord, mais tu me racontes une histoire.
– Ah, une histoire… Mais je ne connais pas d'histoires !
– À quoi ça sert d'être vieux alors si tu ne connais pas d'histoires ?
***Le Papillon* (2002) de Philippe Muyl avec Michel Serrault**

– Elles sont belles tes fleurs. En plus, elles sont parfumées.
– Ah non, on a pas refumé !
***Le Pari* (1997) de Didier Bourdon et Bernard Campan avec Didier Bourdon, Bernard Campan**

– Éboueux, ça vous va ?
– Hé dites donc ! Pourquoi pas ramasser les poubelles tant qu'vous y êtes !!! Ça va pas, non ? Heu… On va mettre autre chose, on va mettre heu… Oh, bah vous avez qu'à mettre buraulier.
– Pardon ?
– Ben… Buraulier, celui qui travaille dans les bureaux.
– Ah oui… Vous voulez dire buraliste ?

– Mais non, buraliste ça bosse dans un tabac. Mais vous êtes complètement abruti vous, hein ?!
***Le Père Noël est une ordure* (1982) de Jean-Marie Poiré avec Anémone, Marie-Anne Chazel, Thierry Lhermitte, Gérard Jugnot**

– Ooooh… ooooh… Aaaaah… Oh, une serpillère, c'est formidable Thérèse, j'en suis ravi écoutez.
– Non, Pierre c'est un gilet.
– Ah oui ! Ah bah, bien sûr ! Ah mais alors, mais bien sûr c'est un gilet ! Où avais-je la tête ? Y'a des trous plus grands pour les bras !… Écoutez, si vous saviez comme ça tombe bien, j'me disais encore hier qu'il manquait quelque chose pour descendre les poubelles ! Je suis ravi Thérèse.
***Le Père Noël est une ordure* (1982) de Jean-Marie Poiré avec Anémone, Marie-Anne Chazel, Thierry Lhermitte, Gérard Jugnot**

– Tes mains sont faites pour bénir, non pour frapper.
– Les mains sont faites pour bénir, mais les pieds…
***Le Petit Monde de Don Camillo* (1952) de Julien Duvivier avec Fernandel, Gino Cervi**

– Vous avez un mandat, au moins ?
– Vous vous gourez d'uniforme, j'suis pas facteur !
***Pinot simple flic* (1984) de Gérard Jugnot avec Gérard Jugnot**

– C'est toute ma vie qui est loupée.
– Racontez-moi.
– Je vais pas vous emmerder avec ça. Elle n'a aucun intérêt, ma vie.
– Allez-y ! Y'a rien à la télé ce soir.
***Le Placard* (2001) de Francis Veber avec Gérard Depardieu, Daniel Auteuil, Jean Rochefort, Thierry Lhermitte**

– On va leur mettre le feu ! Je peux vous dire que Johnny Hallyday au Stade de France, à côté, c'est un Playmobil dans un évier !
***Podium* (2004) de Yann Moix avec Benoît Poelvoorde, Jean-Paul Rouve, Julie Depardieu**

– Vous m'avez donné envie de devenir meilleur.
– Oh, c'est le plus beau compliment qu'on m'ait jamais fait. Vous le pensez vraiment ?
– Non, mais vous m'avez demandé de vous dire quelque chose de gentil…
***Pour le pire et pour le meilleur* (1998) de James L. Brooks avec Jack Nicholson, Helen Hunt**

– Tu te rends compte : j'ai dépucelé les trois quarts des mecs de cette ville, et maintenant, j'fais plus un rond ! Tous les ans, ça diminue. J'suis à trente balles maintenant, si ça te tente…
– Non, c'est gentil mais… j'vais attendre que ce soit gratuit.
***Quasimodo d'el Paris* (1999) de Patrick Timsit avec Patrick Timsit et Richard Berry**

– Ce mariage est une horreur, je croise le fantôme de toutes mes ex, il ne manque plus qu'Henriette et le carnage sera complet.
– Bonjour, Charles !
– Salut, Henriette.
***Quatre mariages et un enterrement* (1994) de Mike Newell avec Hugh Grant, Andie MacDowell**

– On ne va pas vous laisser partir comme ça.
– « On » ? C'est qui, « on » ?
– Smith, Wesson, et moi.
***Le Retour de l'inspecteur Harry* (1983) de Clint Eastwood avec Clint Eastwood**

– C'est une amoureuse-née…
– Pourquoi ne dis-tu pas franchement une idiote ?
***Retour de manivelle* (1957) de Denys de La Patellière avec Michèle Morgan, Daniel Gélin**

– Si tu connaissais les chevaux comme tu connaissais les hommes, le quarté de demain ce serait dans la poche.
– Seulement voilà, j'ai pas couché avec des chevaux !
***Les Ripoux* (1984) de Claude Zidi avec Philippe Noiret, Thierry Lhermitte, Régine**

– Avec lui, si vous avez pas soif, vous serez tout d'suite servi.
***Un singe en hiver* (1962) d'Henri Verneuil avec Jean-Paul Belmondo, Jean Gabin**

– On a les flics au cul !
– Qu'est-ce que tu lui as fait à ton cul pour qu'on lui coure après ?
***La Smala* (1984) de Jean-Loup Hubert avec Josiane Balasko, Victor Lanoux, Dominique Lavanant, Maurice Risch**

– C'est un asile de fous, pas un asile de cons ! Il faudrait construire des asiles de cons, mais vous imaginez un peu la taille des bâtiments !
***Tais-toi* ! (2003) de Francis Veber avec Jean Reno, Gérard Depardieu**

– T'es qu'une petite gêne, un caillou dans une chaussure, un poil de cul coincé entre les dents !
***Tanguy* (2001) d'Étienne Chatiliez avec Éric Berger, André Dussollier, Sabine Azéma**

– Qu'est-ce qu'il a dans le dos? On dirait la reproduction d'un Modigliani!
– Est-ce que j'ai une tête à avoir une reproduction?
***Le Tatoué* (1968) de Denys de La Patellière avec Jean Gabin, Louis de Funès**

– Je raccompagne ce petit jeune homme.
– Ne vous donnez pas cette peine, je connais le chemin.
– Oui, ben… Il faudrait voir à l'oublier!
– Soit! Les manières y gagneront ce que l'amitié y perdra.
– Ben, c'est ça, on s'aimera moins!
***Les Tontons flingueurs* (1963) de Georges Lautner avec Lino Ventura, Bernard Blier, Francis Blanche, Claude Rich**

– Écoute, on te connaît pas, mais laisse-nous te dire que tu te prépares des nuits blanches, des migraines, des « nervous breakdown » comme on dit de nos jours.
***Les Tontons flingueurs* (1963) de Georges Lautner avec Lino Ventura, Bernard Blier, Francis Blanche, Claude Rich**

– Patricia, mon petit, je ne voudrais pas te paraître vieux jeux et encore moins grossier… L'homme de la pampa, parfois rude, reste toujours courtois. Mais la vérité m'oblige à te le dire: ton Antoine commence à me les briser menu!
***Les Tontons flingueurs* (1963) de Georges Lautner avec Lino Ventura, Bernard Blier, Francis Blanche, Claude Rich**

– Attends, c'est quoi ton moyen de contraception?
– Ben… heu… La ménopause!
***Tout peut arriver* (2004) de Nancy Meyers avec Jack Nicholson, Diane Keaton**

– Salaud, anarchiste, mauvais Français. Regarde-moi le mignon avec sa face et sa viande grise. Et la guenon, la gélatine de Saindoux, la poitrine et les trois mentons qui déballent sur la

brioche. Cinquante ans tous les deux. Cent ans de conneries… Qu'est-ce que vous êtes venus faire sur terre, vous avez pas honte d'exister!… Affreux, je vous chasse de ma mémoire, je vous balaie!
***La Traversée de Paris* (1956) de Claude Autant-Lara avec Jean Gabin, Bourvil, Louis de Funès**

– Oh, un petit Scrabble! Ça vous remontera.
– Non, non, je préfère sortir Choupette.
– Ah oui, mais j'ai droit à ma revanche d'hier soir, dites donc! J'ai eu du mal à digérer vos 72 points là, avec quel mot déjà?
– Homicide…
***Les Trois Frères* (1995) de Didier Bourdon et Bernard Campan avec Pascal Légitimus, Didier Bourdon, Bernard Campam**

– Mon père a tué ma mère parce qu'il croyait qu'elle le trompait. Et il s'est tué deux jours après parce qu'il s'était trompé.
***Vénus Beauté (institut)* (1999) de Tonie Marshall avec Nathalie Baye, Mathilde Seigner, Audrey Tautou**

– Putain, c'est lourd! Mais qu'est-ce qu'elle a mis dedans? Le Mur des lamentations ou quoi?
***La Vérité si je mens* (1997) de Thomas Gilou avec Richard Anconina, José Garcia, Bruno Solo, Vincent Elbaz**

– Dis-lui qu'elle a les yeux qui sentent le cul.
– He says: you have beautiful eyes.
– Thanks, you too.
– Alors?
– Elle a dit toi aussi.
***La Vérité si je mens* (1997) de Thomas Gilou avec Richard Anconina, José Garcia, Bruno Solo, Vincent Elbaz**

– C'était terrible quand j'ai perdu mon grand-père.
– Ah, il est mort comment ?
– Seconde Guerre mondiale.
– Il est mort au combat ?
– Non, il skiait dans le Vermont. C'était pendant la Seconde Guerre mondiale.
***Very Bad Trip* (2009) de Todd Philips avec Bradley Cooper, Ed Helms, Zach Galifianakis, Heather Graham**

– T'es littéralement trop con pour qu'on t'insulte !
***Very Bad Trip* (2009) de Todd Philips avec Bradley Cooper, Ed Helms, Zach Galifianakis, Heather Graham**

– Tout ce qui se passe à Vegas reste à Vegas. Sauf la syphilis, cette merde te suivra toute ta vie.
***Very Bad Trip* (2009) de Todd Philips avec Bradley Cooper, Ed Helms, Zach Galifianakis, Heather Graham**

– Voyons, Emmanuelle, si tu bois de l'eau froide après ton potage chaud, tu vas faire sauter l'émail de tes dents ! »
***La vie est un long fleuve tranquille* (1987) d'Étienne Chatiliez avec Hélène Vincent, André Wilms, Patrick Bouchitey, Benoît Magimel**

– Y paraît que celui qui a inventé la bombe atomique, il aimait vachement les gens ! Alors arrête de me rendre service, tu veux ?
***Viens chez moi, j'habite chez une copine* (1981) de Patrice Leconte avec Michel Blanc, Bernard Giraudeau, Anémone**

– Monsieur Ouille, pas avec votre poncho !
***Les Visiteurs* (1993) de Jean-Marie Poiré avec Jean Reno, Christian Clavier, Valérie Lemercier, Marie-Anne Chazel**

– Du vin, servante, que j'pisse à foison !
***Les Visiteurs* (1993) de Jean-Marie Poiré avec Jean Reno, Christian Clavier, Valérie Lemercier, Marie-Anne Chazel**

– Le Tortichier est mort… C'est point luminé. C'est de la merdasse !
***Les Visiteurs* (1993) de Jean-Marie Poiré avec Jean Reno, Christian Clavier, Valérie Lemercier, Marie-Anne Chazel**

– Arrêtez votre chariotte ! Messire veut glairer !
***Les Visiteurs 2 – Les Couloirs du temps* (1997) de Jean-Marie Poiré avec Jean Reno, Christian Clavier**

– Excusez-moi, je passais par hasard et j'ai pensé qu'un peu de café vous ferait plaisir.
– Ho, c'est très aimable à vous, merci… Ho, mais asseyez-vous donc.
– Du lait ?
– Non merci, je le prends noir, comme mes hommes.
***Y a-t-il un pilote dans l'avion* ? (1980) de Jim Abrahams, David et Jerry Zucker avec Robert Hays, Julie Hagerty, Peter Graves**

Toto
(pour les grands)

• La maîtresse demande à Toto :
– Sais-tu pourquoi on fait bouillir l'eau ?
– Oui, c'est pour tuer les microbes !
– Très bien, Toto. Et pourquoi la bouilloire siffle-t-elle quand son eau bout ?
– C'est à cause des microbes qui hurlent de douleur !

• Toto rentre de l'école visiblement très vexé...
– Que se passe-t-il ? lui demande sa maman.
– C'est la maîtresse, elle ne sait même pas ce que c'est un chat !
– Comment ça ?
– Ben... Je lui ai montré le chat que j'ai dessiné et elle m'a demandé ce que c'était !

• La maman de Toto n'arrive pas à s'introduire un suppositoire. Elle se met en position et ordonne à son fils de l'aider à le lui mettre. Toto s'empare du suppositoire mais est décontenancé...
– Qu'est-ce que je fais ? Je le jette dans le cratère ou je le donne à manger au dindon ?

• Toto et sa copine Justine La Politesse se promènent dans la rue. Soudain, cette dernière est prise d'une envie pressante d'uriner.
– Tu n'as qu'à faire derrière l'arrêt de bus ! lui conseille Toto.
Alors qu'elle se précipite pour se soulager derrière l'arrêt de bus, Toto l'attend sur le trottoir. Deux policiers passent et demandent à Toto :
– Qu'est-ce que tu attends ?
– Qu'est-ce que ça peut vous faire ? leur rétorque Toto.
– Et la politesse ? font les policiers.
– Elle pisse à l'arrêt !

• **La maîtresse vient d'expliquer à sa classe ce qu'était le bégaiement.**
– Avez-vous compris ? demande-t-elle à ses élèves. Quelqu'un connaît-il une personne qui bégaye ?
Toto lève la main…
– Toto, tu connais quelqu'un qui bégaye ?
– Non, mais mon chat, il bégayait !
– Mais voyons, Toto, les chats ne bégayent pas !
– Si ! Le mien, il bégayait ! L'année dernière, un pitbull s'est approché de lui… Mon chat s'est mis à faire : « Ffffff…. Fffffff… Ffffff… » Et avant qu'il puisse lui dire : « Fous le camp ! », le pitbull l'a bouffé !

• **Toto et sa copine Julie jouent dans le jardin.** Les beaux fruits rouges d'un cerisier les font saliver… Toto demande alors à Julie de monter dans l'arbre afin de cueillir quelques cerises. La petite fille s'exécute, puis ils se partagent la récolte. Le soir, la petite Julie raconte à sa maman comment elle est montée dans l'arbre…
– Hum ! fait la mère. Tu es certaine que Toto ne t'a pas demandé de monter dans l'arbre pour regarder ta culotte ?
– Je ne sais pas, c'est possible…
Le lendemain, Toto revient jouer avec Julie et lui demande de monter à nouveau dans l'arbre ramasser des cerises. Julie grimpe et ramasse les fruits. Le soir, elle explique de nouveau à sa maman être montée dans l'arbre…
– Mais enfin ! Tu as toi-même convenu que c'était un plan pour regarder ta culotte ! s'étonne la mère.
– Oui, concède Julie. Mais… je suis plus maline que lui : j'avais pensé à enlever ma culotte !

• **Toto se rend chez sa maîtresse pour des cours particuliers.**
Toto est très excité…
– Qu'est-ce qu'il y a dans votre soutien-gorge ? demande-t-il à la maîtresse.

– Ce sont mes phares !
– Ah… Et dans votre culotte, il y a quoi ?
– Une forêt noire ! Et puis cesse de poser des questions idiotes ! Qu'est-ce que tu dirais si je te demandais ce qu'il y avait dans ta culotte, hein ?
– Ben… Qu'il y a un petit lézard !
Après un bref silence, Toto se risque à poser une autre question à sa maîtresse…
– Dites, est-ce que je pourrais allumer vos phares ? Il y a mon petit lézard qui voudrait entrer dans votre forêt noire…

• **Toto rentre de l'école avec un œil au beurre noir…**
– Tu t'es battu ! s'exclame sa mère.
– Oui, il y en a un qui m'a donné un coup de poing dans la figure !
– Qui c'est ?
– Je ne l'ai pas vu mais je pourrais facilement le reconnaître !
– Ah bon ?
– Oui, j'ai ses deux dents de devant dans ma poche !

• **Toto demande à sa maman :**
– Est-ce que tu as fait un testament ?
– Bien entendu. Quand je serai morte, tu auras tous mes magasins, toutes mes villas, mes restaurants…
– Yes ! Je ne savais pas que l'on avait tout ça ?
– Bien sûr que si ! Dans Cityville sur Facebook !

• **Toto demande à son père de l'aider à faire ses devoirs.**
– Il faut que j'explique ce qu'est la « vérité » et l'« imagination »… Tu peux me dire ?
– Va voir ta mère et dis-lui que le voisin t'a demandé de lui proposer 100 euros pour coucher avec elle. Reviens ensuite me voir pour me rapporter ce qu'elle t'aura répondu.
Toto va voir sa mère et lui annonce :

– Le voisin m'a dit qu'il te donnerait 100 euros si tu couchais avec lui !
– Ah bon ? Va lui dire que je suis d'accord mais surtout : ne dis rien à ton père !
Et Toto revient voir son père…
– Elle dit qu'elle est d'accord !
– Alors je vais t'expliquer ta leçon de vocabulaire… Ce qui est imaginaire, c'est que ta mère va recevoir 100 euros après avoir couché avec le voisin. Et la vérité : c'est que je suis marié à une pute !

• Toto réclame encore des bonbons à sa maman et, à sa plus grande surprise, elle accepte !
– Autant que tu veux ! lui répond-elle.
– Vraiment ?
– Oui ! Mais uniquement dans Candy Crush saga !

• La maîtresse vient d'expliquer à sa classe l'expression « les cordonniers sont toujours les plus mal chaussés ».
– Quelqu'un peut-il me citer un exemple qui pourrait illustrer cette expression ? demande-telle à ses élèves.
Toto lève la main…
– Oui, moi ! Mon tonton, il est dentiste ! Il vient d'avoir une petite fille et… elle n'a même pas de dents !

• Toto, Marc, Charles et Anne jouent aux Romains.
– Moi, je serais Totus ! dit Toto.
– Et moi, je serais Marcus ! dit Marc.
– Et moi, c'est Charlus ! dit Charles.
– Et moi, je veux pas jouer à ce jeu ! dit Anne…

• Dans un train, la maman de Toto allaite le petit frère de Toto au sein…
– Qu'est-ce que tu fais ? lui demande-t-il.
– Je donne du lait à ton frère !

Un peu plus loin dans le compartiment, une femme africaine donne aussi le sein à son enfant. Toto s'exclame alors :
– Oh, il a trop de la chance, lui ! Il a du chocolat !

• **Toto arrive en retard à l'école…**
– As-tu une bonne excuse pour être en retard ? lui dit sa maîtresse.
– Oui, ma maman tapait mon petit frère.
– Et alors ? Il me semble que tu n'es pas concerné ? Cela n'excuse pas ton retard !
– Si, elle le tapait avec ma chaussure…

• **Toto, bon dernier de sa classe, se dispute avec l'avant-dernier.** La maîtresse intervient pour les séparer et régler le conflit.
– Pourquoi vous chamaillez-vous ? leur demande-t-elle.
Le copain de Toto lui répond :
– Il dit qu'il est meilleur que moi et que c'est lui qui devrait être avant-dernier !
– Qu'à cela ne tienne, je vais vous poser une question chacun votre tour et le meilleur de vous deux sera avant-dernier !
La maîtresse demande alors au copain de Toto :
– Combien font 2 plus 2 ?
– 22 ! répond-il instantanément.
Et Toto s'exclame alors :
– Et mince ! J'étais persuadé qu'il se tromperait…

• **Toto arrive à l'école avec un énorme sac à dos.**
– Qu'as-tu mis dans ton sac pour qu'il soit aussi gros ? s'étonne la maîtresse.
– C'est parce que j'ai amené ma chatte.
– Tu as caché ta chatte dans ton sac ? Mais pourquoi ?
– Ben… Ce matin, j'ai entendu mon père dire à ma mère : « J'amène le môme à l'école et après je te bouffe la chatte ! »

• **La grand-mère de Toto demande à son petit-fils :**
– Alors, comment ça se passe à l'école, cette année ?
– Super ! Je suis premier de la classe !
– Premier ? Je suis fière de toi, Toto ! Comment as-tu fait pour devenir le premier de ta classe ?
– Ben… Depuis que j'ai mes nouvelles baskets, je cours super vite et c'est toujours moi le premier qui sort de la classe !

• **La maîtresse interroge Toto :**
– Donne-moi des exemples de verbes qui appartiennent au premier groupe !
Et Toto répond :
– Remarquer, draguer, embrasser, caresser, déshabiller, exciter, écarter, bai…
La maîtresse l'interrompt :
– Stop ! Attention à ce que tu vas dire, Toto !
Et Toto reprend :
– Débander, rhabiller, raccompagner…

• **La maîtresse demande à sa classe de faire une phrase en utilisant l'expression « je présume ».** La petite Julie lève la main et répond :
– Hier, maman a fait la vaisselle à la main, je présume que le lave-vaisselle était en panne.
– Très bien, Julie !
Rémy lève à son tour la main et dit :
– Ce matin, papa est parti travailler à pied, je présume que la voiture était en panne.
– Parfait !
Toto lève la main…
– Je t'écoute, Toto…
– Dimanche, pépé a pris le journal ; je présume qu'il est allé chier au fond du jardin, car il ne sait pas lire !

TOTO ! VIENS ME MONTRER TON CARNET !
LA MAÎTRESSE DIT QUE TU TRAVAILLES LENTEMENT...
... QUE TU COURS LENTEMENT...
... QUE TU COMPRENDS LENTEMENT...
Y A T-IL QUELQUE CHOSE QUE TU NE FASSES PAS LENTEMENT ?
OUI PAPA...
... JE FATIGUE SUPER VITE !
CHAUVIN-

• **La maîtresse à Toto :**
– Répète après moi la phrase : « Avant, j'étais belle ! »
– Ah non, c'est pas vrai !

• **La maîtresse interroge Toto :**
– Combien font 6 pruneaux plus 3 pruneaux plus 8 pruneaux ?
– Une sacrée chiasse !

• **Toto écoute à la porte de la chambre de ses parents et entend sa mère crier…** « Encore ! Encore ! Oh oui, c'est bon ! Encore ! C'est bon ! » Le lendemain matin, Toto demande à sa maman :
– Qu'est-ce que tu mangeais, cette nuit ?
– Hein ? Mais… rien du tout ? Pourquoi ?
– Mais si ! Je t'ai entendue dire : « Encore, c'est bon ! »
– Ah ! Euh… Eh bien… balbutie la maman gênée, c'était du chocolat !
– Menteuse ! crie Toto. C'était du saucisson, j'ai trouvé la peau sous le lit !

• **Le maître demande à sa classe :**
– Quelqu'un peut-il me dire ce qu'est un excitant ?
Julie lève la main et répond :
– C'est quelque chose qui excite, comme le café !
– Oui. Quelqu'un peut-il me donner d'autres exemples d'excitants ?
Rémy répond :
– Le jus d'orange, l'alcool…
– Très bien, Rémy !
Toto lève à son tour le doigt et répond :
– Les femmes nues !
– Toto ! Tu me copieras cinquante fois : « Les femmes nues n'excitent pas », et tu feras signer ta punition !
Le lendemain, le maître demande à Toto s'il a fait sa punition.

– Oui, mais papa m'a dit que si les femmes ne vous excitaient pas, il fallait que je m'éloigne de vous !

• **Un inspecteur de l'Éducation nationale est dans la classe de Toto et prend quelques instants la place de la maîtresse pour demander à la classe :**
– Qui peut me dire ce qu'est un animal sauvage ?
Rémy lève la main et répond :
– C'est un animal méchant mais on ne le voit pas très souvent !
– C'est à peu près ça… Quelqu'un peut-il me donner un exemple d'animal sauvage tel que votre camarade l'a défini ?
Toto lève la main et répond :
– L'inspecteur !

• **La maîtresse à Toto :**
– C'est la cinquième fois de la semaine que tu récoltes une punition ! As-tu quelque chose à dire, Toto ?
– Oui, je suis content que l'on soit vendredi !

• **Le papa de Toto n'est pas content :**
– Comment expliques-tu que tes notes soient encore plus mauvaises qu'avant ?
– Mon voisin a changé de place…

• **Toto se plaint auprès de son papa :**
– Maman m'a grondé parce que cette nuit je suis entré dans votre chambre.
– Oui, je sais. Mais ce n'est pas grave. Tu sais, une maman ça s'emporte facilement !
– Ah d'accord ! C'est pour ça qu'elle disait « prends-moi » !

• **La maîtresse enseigne un peu d'anglais à sa classe.** Elle demande à Toto :
– Peux-tu me faire une phrase avec les mots « green », « yellow » et « pink » ?

Toto réfléchit un moment et répond :
– Hier, le téléphone sonnait : « Green ! green ! green ! » Je décroche : « Yellow ? » Personne ne répondait, alors : « Pink ! »

• **Toto à sa grand-mère :**
– Mamie, tu peux m'aider à faire pipi ?
– Et pourquoi tu ne demandes pas à ta mère ?
– Parce que toi, tu as la main qui tremble !

• **La maîtresse d'école décroche le téléphone.**
– Bonjour, madame. Je vous appelle parce que Toto ne pourra pas venir aujourd'hui. Il est malade.
– Très bien… Qui est à l'appareil ?
– C'est papa…

• **La maîtresse pose un problème à Toto.**
– Imagine que tu as 100 euros dans ta poche. Tu en donnes 10 à Léa, 20 à Amélie et 35 à Julie. Qu'est-ce que tu peux obtenir ?
– Une super partouze !

So sex !

• **Qu'est-ce qui a 32 dents et qui cache un gros monstre?**
Ma braguette!

• **Une cougar drague un jeune homme...**
– Quel âge tu me donnes? lui demande-t-elle.
Le garçon la regarde de haut en bas et lui répond:
– Les seins 20, les jambes 30, le ventre 35...
– Arrête, tu me flattes!
– Attends, je n'ai pas encore fait l'addition!

• **Une femme dont le chien s'appelle Messin souhaite prendre le bus.** Avant de monter, elle demande au chauffeur:
– Est-ce que je peux monter avec Messin?
Et il lui répond:
– Bah oui, je suis bien monté avec mes couilles!

• **Quel point commun y a-t-il entre une pute et un grand restaurant?**
On livre par-derrière!

• **Un homme cherche désespérément une chambre d'hôtel mais tous les établissements sont complets.** Le dernier hôtel de sa liste est aussi le moins recommandé mais il y entre quand même et demande à l'accueil:
– Est-ce qu'il vous reste une chambre?
– Non! Par contre, il me reste une place dans une chambre dans laquelle il y a un lit double occupé par un vieux monsieur. Il accepte de partager son lit pour réduire ses frais. Mais je vous préviens: il ronfle! Chaque nuit, il réveille tout l'hôtel!
Le gars accepte malgré tout et se rend dans la chambre. Le lendemain matin, le client descend à la réception pour régler sa note.
– Vous avez bien dormi? Nous ne l'avons pas entendu ronfler! Comment avez-vous fait? lui demande la réceptionniste.

– Eh bien, avant de me coucher, j'ai pris une douche. Je me suis ensuite parfumé abondamment et puis je me suis couché en tenue d'Adam à côté de lui. Je lui ai fait un bisou sur la joue et je lui ai dit : « Bonne nuit, chéri ! »
– Et ensuite ?
– Il s'est levé et il a passé toute la nuit sur une chaise à me surveiller !

• **Culotte : à côté de la meilleure chose sur terre, meilleure est la chose quand elle est à terre.**

• **Pourquoi le Père Noël a-t-il une grosse paire de couilles ?**
Parce qu'il ne vient qu'une fois par an !

• **Un Belge se rend au bois de Boulogne et toque à la vitre du camping-car d'une prostituée…**
– Oui, chéri ! Qu'est-ce que tu veux ?
– Je voudrais une petite pipe, s'il vous plaît…
– C'est 50 euros !
– 50 euros ? Je n'ai que 5 euros…
– Eh bien avec 5 euros, lui dit la prostituée, tu peux aller te branler !
Et elle lui claque la porte au nez. Dix minutes plus tard, on frappe de nouveau à sa vitre. Elle ouvre et découvre de nouveau le Belge.
– Quoi encore !
– Je viens vous payer, madame ! dit-il en tendant son billet de 5 euros…

• **Qu'est-ce qu'un 74 ?**
C'est un 69 avec cinq doigts dans le cul !

• **Que manque-t-il à une fille qui a 53 262 like et 3 268 commentaires sur sa photo de profil Facebook ?**
Ses vêtements !

• **Quel point commun y a-t-il entre une paire de rideaux et une nymphomane ?**
On ne voit le jour qu'après les avoir tirés.

• **Quelle différence y a-t-il entre une minijupe taille 34 et une minijupe taille 44 ?**
La taille 34 est pour les petites putes et la taille 44 pour les grosses salopes !

• **À quoi reconnaît-on une Bretonne qui aime la sodomie ?**
C'est celle qui a une plaque de beurre doux dans le frigo !

• **Quelle est l'expression favorite de Rocco Siffredi et de tous les bouchers ?**
« Y'en a un peu plus, je vous le mets quand même ? »

• **Quel point commun y a-t-il entre la vie et le sexe ?**
Parfois, c'est dur…

• **Une récente étude a permis de découvrir que les personnes qui n'ont pas une activité sexuelle suffisante lisent des livres d'histoires drôles.** Pas la peine de poser ce livre, c'est trop tard !

• **Un homme propose à sa femme une nouvelle position pour faire l'amour…**
– Mettons-nous dos à dos !
– Mais !? s'étonne sa femme, on ne pourra jamais faire l'amour dans cette position ?
– Ne t'inquiète pas, Antoine et Sophie arrivent dans une minute !

• **Quels sont les deux cours préférés des garçons ?**
Math et dessin (mater des seins).

• **Un homme demande ses tarifs à une prostituée.**
– C'est 30 euros derrière l'arbre et 150 euros à l'hôtel, lui répond-elle.
– Ok, va pour cinq fois derrière l'arbre !

• **Quelle différence y a-t-il entre jouer au billard et faire l'amour à une femme ?**
Au billard, on pousse les boules avec la queue pour les faire entrer dans les trous. Avec une femme, c'est l'inverse : on pousse la queue avec les boules pour la faire entrer dans le trou.

• **Deux gays s'arrêtent dans une station-service pour acheter de l'huile moteur.**
– Qu'avez-vous comme huile ? demande l'un d'eux au patron.
– J'ai de la Castrol.
– Elle est bien ?
– Avec la Castrol, on s'envole !
– Vous n'auriez pas de la Motul ?

• **Trois copains en voyage à la Martinique décident d'aller voir une prostituée qui, à ce que l'on raconte, pratique des fellations très originales.** Elle applique trois tarifs : 15, 25 ou 50 euros pour une pipe. Le premier copain choisit la fellation à 15 euros et, une fois l'affaire terminée, raconte à ses copains :
– Elle est extraordinaire ! Pour 15 euros, elle coupe une rondelle d'ananas, passe ton sexe dedans, puis te fait une fellation qu'elle termine en mangeant la rondelle d'ananas !
Le deuxième copain choisit la fellation à 25 euros. Lorsqu'il a fini, il revient raconter à ses potes…
– Tu as raison, cette fille est géniale ! Pour 25 euros, elle coupe une rondelle d'ananas, elle enfile ton sexe dessus, elle te couvre le sexe de chantilly et termine la fellation en mangeant la rondelle d'ananas !
Le troisième copain choisit la fellation à 50 euros. Quelques instants plus tard, il revient en courant, sans avoir eu le temps

de se reculotter, une rondelle d'ananas autour du sexe couvert de chantilly…
– Eh ben alors ? font les deux copains médusés.
– La rondelle d'ananas et la chantilly, ok ! Mais quand elle a pris la bouteille de rhum et les allumettes, j'ai pris peur !

• **Lors du casting d'un film pornographique, un pénis dit à un autre pénis :**
– Tu as l'air tendu ce matin ?
– Oui, je passe un oral dans cinq minutes !

• **Quel est le code secret préféré des prostituées ?**
G1QOQP

• **Un pénis annonce à ses couilles :**
– Ce soir, on est invités à une fête !
– On s'en fout, on n'y va pas ! On n'a qu'à se cacher sous les draps ! répondent en chœur les testicules.
– Mais pourquoi ?
– Parce qu'à chaque fois que tu nous invites à une fête, tu es le seul à entrer et nous, on reste dehors à frapper à la porte comme deux connes !

• **Une femme à la recherche d'un homme qui pourrait lui faire vivre de nouvelles expériences sexuelles passe une petite annonce.** Un homme y répond et lui téléphone :
– Qu'est-ce que vous me proposez de faire ? lui demande la femme.
– Je peux vous lécher le nombril ! répond l'homme.
– Lécher le nombril… Bof ! On me l'a déjà fait et je ne vois pas ce qu'il y a d'exceptionnel à ça !
– Peut-être, mais moi, je peux vous lécher le nombril de l'intérieur !

• **Un homme tente de faire l'amour à une très grosse femme.**
– Non, pas là, tu es dans un pli, lui dit-elle.
Il essaye encore.
– Non, tu es dans un pli.
Il tente de nouveau :
– Non, tu es encore dans un pli.
Nouvelle tentative :
– Non, tu es dans un pli.
Et encore :
– Non, tu es dans un pli.
Et toujours :
– Non, tu es dans un pli.
– Mais c'est un cul que tu as ou bien un accordéon !

• **Un gay se rend chez un charcutier et commande :**
– Je voudrais une saucisse sèche bien dure, s'il vous plaît.
– Oui. Je vous la coupe en rondelles ?
– Ça va pas, non ! Vous prenez mon cul pour une tirelire ?

• **Comment s'appelle la fée la plus gentille au monde ?**
La fée Lassion.

• **Une prostituée se confie à une collègue :**
– Y'a un client chinois qui m'a bouffé la chatte pendant dix minutes !
– Bah ouais, c'est des choses qui arrivent, ma chérie !
– Ouais, mais quand même pas avec des baguettes !

• **Une femme avec un immense vagin cherche, par le biais des petites annonces, un homme qui aurait un sexe énorme susceptible de la satisfaire.** Un homme au sexe hors norme se présente… La femme espère avoir enfin trouvé sa moitié. Ils commencent à faire l'amour, mais malheureusement, elle ne sent rien… L'homme n'a pas un sexe suffisamment important. Celui-ci décide alors d'enfoncer tout son bras dans le vagin de la femme mais cette dernière ne ressent toujours rien ! Vexé, l'homme décide de passer sa tête dans le sexe et là, dans la pénombre, il aperçoit un petit monsieur habillé en jockey ! Il lui demande :

– Mais ? Que faites-vous là ?

Et le jockey lui répond :

– Je cherche mon cheval !

• **Deux copains disputent une partie de golf.** Alors que l'un s'apprête à putter, il voit une superbe fille nue traverser le green en courant, puis pénétrer dans un bosquet où elle disparaît.

– Mais !? Tu as vu ? demande-t-il interloqué à son copain.

– Oui, j'ai vu.

– La fille... Toute nue ! Et super canon !

– Oui, j'ai vu.

– Mais c'est qui ?

– Ne t'occupe pas de ça et joue !

Le type tente de se reconcentrer, et alors qu'il s'apprête à jouer, trois infirmiers en blouse blanche traversent le green en courant avant de pénétrer à leur tour dans le bosquet.

– Et eux ! Tu les as vus ? C'est qui encore ?

– Ne te préoccupe pas d'eux, joue !

Le gars se remet en position pour putter. Soudain, un nouvel infirmier qui, lui, tient un seau de sable dans chaque main, traverse le green en courant...

– Mais tu vas me dire de quoi il s'agit ? Oui ou non ! s'énerve le joueur.

– La jolie fille nue est une pensionnaire de l'hôpital psychiatrique qui est juste à côté, explique alors son copain. Elle s'échappe de temps en temps et les infirmiers la poursuivent pour la rattraper. Allez, joue maintenant !

– Ah, ok ! Mais... le gars qui courait avec deux seaux de sable, c'était qui ?

– C'est l'infirmier qui a réussi à la rattraper la dernière fois. Les deux seaux de sable, c'est son handicap.

• Une femme rédige une lettre à son médecin :

Docteur,

Mon mari ne pense qu'à faire l'amour. Tout le temps, il ne pense qu'à ça ! Il me suit partout et me prend dans toutes les pièces de la maison ! Je ne peux même plus sortir de chez moi et c'est pour ça que je ne peux même pas venir vous voir ! Que pouvez-vous faire pour lui ? Existe-t-il quelque chose pour le calmer ? Et si non, existe-t-il quelque chose pour que je puisse réussir à dormir pendant l'acte ?

Vous remerciant par avance de l'aide que vous voudrez bien m'accorder, je vous prie de croire, cher docteur, à l'expression de mes sentiments respectueux.

PS : veuillez excuser mon écriture saccadée…

• Un homme arpente la rue Saint-Denis à la recherche d'un peu d'amour… Il s'adresse à une prostituée :

– Combien tu prends ?

– C'est 20 euros l'aller-retour entre mes reins !

– 20 euros pour chaque aller-retour ! Je n'ai pas assez…

Le type va voir une autre prostituée :

– C'est combien ?

– C'est 15 euros l'aller-retour !

– 15 euros l'aller-retour ! Désolé mais je n'ai pas assez.

À la troisième prostituée l'homme redemande les tarifs :

– Avec moi, c'est seulement 10 euros l'aller-retour !

– 10 euros… Bon, c'est d'accord !

Le client suit donc la prostituée jusqu'à sa chambre. Ils se déshabillent, se couchent, puis l'homme la pénètre mais reste sans bouger…

– Ben ? Qu'est-ce que tu fais, mon lapin ? T'es déjà fatigué ? lui demande la prostituée.

– Non, mais je n'ai que 5 euros…

• Pourquoi les sourdes et muettes ne se masturbent-elles qu'avec la main droite ?

Parce qu'elles utilisent la gauche pour gémir.

Les militaires

• **Le commandant d'une compagnie de parachutistes fait une petite piqûre de rappel à ses paras :**
– N'oubliez jamais que chez les paras, les accidents mortels sont de 3 pour 1000 ! C'est pourquoi vous devez toujours rester prudents et vigilants ! Même si cela ne vous concerne pas, car vous n'êtes que vingt…

• **Pourquoi les militaires ne boivent-ils jamais d'eau ?**
Parce que l'eau bue éclate.

• **Une troupe de soldats vient de passer quinze jours en totale autarcie dans la jungle.** Sans nourriture ni de quoi se laver pendant deux semaines. Un commandant vient leur rendre visite…
– Bande de crasseux ! Ça fait quinze jours que vous transpirez dans les mêmes vêtements ! Un peu d'hygiène corporelle, bordel ! Tout le monde en rang par un !
Les soldats s'alignent et le commandant ordonne alors :
– Maintenant, tout le monde change de slip ! Que chacun enfile le slip de celui qui est devant lui !

• **Un adjudant s'énerve au pied d'un arbre où se sont réfugiés trois soldats français :**
– Qu'est-ce que vous foutez là-haut ?
L'un des soldats tente une excuse :
– On surveille les environs, mon adjudant !
– Et vous êtes combien, là-haut ?
– Nous sommes trois, mon adjudant !
– Très bien ! Que la moitié d'entre vous descende !

• **Un colonel de l'armée de Terre est hospitalisé d'urgence après une mauvaise chute à cheval.** Il souffre de multiples fractures à la jambe et aux bras. Les médecins lui annoncent qu'il lui faudra deux mois d'hospitalisation et qu'il pourra reprendre ensuite son activité normalement. Mais ce colonel s'avère rapidement être un sale type, sans cesse de mauvaise humeur, arrogant et méprisant l'ensemble du personnel et les autres malades. Au bout de quatre jours, une infirmière entre dans sa chambre et lui dit :

– Bonjour colonel, je vais vous tourner sur le côté pour prendre votre température !

Le colonel l'agresse instantanément :

– Comment se fait-il que toutes les infirmières soient moches, ici ? Prenez-moi la température mais vous entendrez parler de moi si vous me faites mal !

L'infirmière toute souriante lui répond :

– Mais bien sûr…

Elle le met sur le flanc de manière à lui prendre sa température pendant que le colonel lance une flopée de jurons à son encontre. Elle lui dit enfin :

– Voilà, mon colonel. Je reviens d'ici cinq minutes pour relever votre température.

Une heure plus tard, le colonel est toujours sur le côté, les fesses à l'air. Une infirmière entre alors dans la chambre et lui dit :

– Mais que vous arrive-t-il, mon colonel ?

Il lui répond :

– Espèce de petite conne ! Venez me retirer ce thermomètre et remettez-moi sur le dos. Je suis dans cette position depuis plus d'une heure. Je n'en peux plus ! J'ai mal au cul, c'est atroce !

L'infirmière lui dit :

– Ah non, mon colonel ! C'est moi qui dois prendre votre température et, pour votre information, ce que vous avez dans le derrière n'est pas un thermomètre : ça s'appelle un godemichet !

• Après une manœuvre et un exercice raté, un officier va voir le soldat fautif qui est déjà en train de se saouler…

– Soldat, pourquoi buvez-vous ?

– Parce que j'ai échoué à ma mission…

– Et pourquoi avez-vous échoué ?

– Parce que je bois trop…

• **Un officier passe sa troupe en revue.** Il s'arrête devant un soldat à qui il demande :
– Alors, comment vous sentez-vous à l'armée ?
– L'armée, c'est comme les poils : j'en ai plein le cul !
– Eh bien, vos permissions c'est comme mes couilles : elles sont suspendues !

• **Un officier demande à un soldat :**
– Comment vous appelez-vous ?
– David Ledermann.
– Le nom de votre compagnie ?
– David Ledermann & Associés.

• **Les soldats français avaient trouvé un truc pour faire sortir les Allemands de leurs tranchées.** La majorité des Allemands se prénommant « Franz », les soldats français criaient :
– Franz ! C'est toi ?
Et les Allemands se dressaient alors au garde-à-vous en criant :
– Ja voll !
Les Allemands se faisaient ainsi capturer mais ils élaborèrent un plan de contre-attaque. La majorité des Français se prénommant « Marcel », ils décidèrent de s'approcher des tranchées françaises en criant :
– Marcel ! C'est toi ?
Mais ils s'entendaient répondre :
– Oui, c'est moi, pourquoi ? C'est toi, Franz ?
Et les Allemands se dressaient en disant :
– Ja voll !

• **Le taire sera la nouvelle mesure permettant d'évaluer le QI de l'être humain.** Par exemple, un être supérieur aura un QI pouvant atteindre 1 taire. Un homme avec une intelligence normale aura un QI d'1 décitaire. Une personne avec une intelligence réduite aura un QI d'1 centitaire. Et enfin, un aliéné mental aura un QI d'1 militaire.

- **Pourquoi les généraux sont-ils si cons ?**

Parce qu'on les choisit parmi les colonels !

- **Un colonel de l'armée aborde une prostituée…**

– Dis-moi… Est-ce que pour 100 euros tu acceptes ma compagnie pour la nuit ?
– Oui, beau militaire ! Sans problème…
Le colonel se retourne et crie :
– Compagnie… en avant !!!

Monsieur et Madame ont une fille

• M. et Mme **Aivitable** ont une fille.
Comment l'appellent-ils ?
Céline
(C'est l'inévitable)

• M. et Mme **Antrelaipoto** ont une fille.
Comment l'appellent-ils ?
Salomé
(Slalomer entre les poteaux)

• M. et Mme **Auboidormant** ont une fille.
Comment l'appellent-ils ?
Abel
(La Belle au bois dormant)

• M. et Mme **Avrante** ont une fille.
Comment l'appellent-ils ?
Hélène
(Elle est navrante)

• M. et Mme **Bienlepeu-Tipourmoa** ont une fille.
Comment l'appellent-ils ?
Ambroise
(Embrasse bien le petit pour moi !)

• M. et Mme **Bienmerci** ont une fille.
Comment l'appellent-ils ?
Éva
(Elle va bien, merci)

• M. et Mme **Bonnilfaicho** ont une fille.
Comment l'appellent-ils ?
Alice
(À Lisbonne, il fait chaud)

• M. et Mme **Cékilné-Pamaure** ont une fille.
Comment l'appellent-ils ?
Sylvie
(S'il vit, c'est qu'il n'est pas mort)

• M. et Mme **Cinq** ont une fille.
Comment l'appellent-ils ?
Ariane
(Ariane 5)

• M. et Mme **Conda** ont une fille.
Comment l'appellent-ils ?
Anna
(Anaconda)

• M. et Mme **Dai** ont une fille.
Comment l'appellent-ils ?
Bonnie
(Bonne idée)

• M. et Mme **Dainoir** ont une fille.
Comment l'appellent-ils ?
Daisy
(Des idées noires)

• M. et Mme **Daissoutia-Chaite** ont une fille.
Comment l'appellent-ils ?
Cynthia
(Si tu as des sous, tu achètes)

• M. et Mme **Delafaite** ont une fille.
Comment l'appellent-ils ?
Reine
(Reine de la fête)

• M. et Mme **Depluy** ont une fille.
Comment l'appellent-ils ?
Aude
(Eau de pluie)

• M. et Mme **Faimal** ont une fille.
Comment l'appellent-ils ?
Emma
(Elle m'a fait mal)

• M. et Mme **Faitovillage** ont une fille.
Comment l'appellent-ils ?
Sheila
(C'est la fête au village !)

• M. et Mme **Fils** ont une fille.
Comment l'appellent-ils ?
Lorie
(L'orifice)

• M. et Mme **Halle** ont une fille.
Comment l'appellent-ils ?
Anne
(Anale)

• M. et Mme **Hansieu** ont une fille.
Comment l'appellent-ils ?
Cécile
(C'est silencieux)

• M. et Mme **Hatmoualanus** ont une fille.
Comment l'appellent-ils ?
Odile
(Oh, dilate-moi l'anus !)

• M. et Mme **Honnette** ont une fille.
Comment l'appellent-ils ?
Camille
(Camionnette)

• M. et Mme **Issoitil** ont une fille.
Comment l'appellent-ils ?
Maude
(Maudit soit-il !)

• M. et Mme **Javémaitrunpul** ont une fille.
Comment l'appellent-ils ?
Gisèle
(Je gèle, je vais mettre un pull)

• M. et Mme **Kissatsoul** ont une fille.
Comment l'appellent-ils ?
Louise
(Le whisky, ça te saoule)

• M. et Mme **Maimailababal** ont une fille.
Comment l'appellent-ils ?
Donna
(Donne à mémé la ba-balle !)

• M. et Mme **Moitou** ont une fille.
Comment l'appellent-ils ?
Salomé
(Salaud, mets-moi tout !)

• M. et Mme **Nicouette** ont une fille.
Comment l'appellent-ils ?
Sandra
(Sans drap ni couette)

• M. et Mme **Niplancharepasser** ont une fille.
Comment l'appellent-ils ?
Jennifer
(J'ai ni fer ni planche à repasser)

• M. et Mme **Padanlelavabo** ont une fille.
Comment l'appellent-ils ?
Honorine
(On n'urine pas dans le lavabo !)

• M. et Mme **Pad'Kulott** ont une fille.
Comment l'appellent-ils ?
Ella
(Elle a pas de culotte)

• M. et Mme **Pafromage** ont une fille.
Comment l'appellent-ils ?
Sarah
(Sa râpe à fromage)

• M. et Mme **Palaidoy** ont une fille.
Comment l'appellent-ils ?
Nicole
(Ne colle pas les doigts)

• M. et Mme **Rienhapéter** ont une fille.
Comment l'appellent-ils ?
Héléna
(Elle en a rien à péter !)

• M. et Mme **Rinekikoul** ont une fille.
Comment l'appellent-ils ?
Tatiana
(T'as ta narine qui coule)

• M. et Mme **Stair** ont une fille.
Comment l'appellent-ils ?
Mona
(Monastère)

• M. et Mme **Tébrulente** ont une fille.
Comment l'appellent-ils ?
Macha
(Ma chatte est brûlante)

• M. et Mme **Traimeman-Douloureuse** ont une fille.
Comment l'appellent-ils ?
Dolorès
(Douleur extrêmement douloureuse)

• M. et Mme **Trankill** ont une fille.
Comment l'appellent-ils ?
Leslie
(Laisse-le tranquille)

• M. et Mme **Vaistairestalone** ont une fille.
Comment l'appellent-ils ?
Cécile
(C'est Sylvester Stallone)

• M. et Mme **Vécel** ont une fille.
Comment l'appellent-ils ?
Aude
(Eau de vaisselle)

Vive les femmes !

• Sur quel site peut-on trouver un lave-vaisselle pas cher ?
Sur Meetic.fr !

• Que pensent les femmes quand elles se battent pendant les soldes ?
Mais dans quel monde Vuitton !

• Quel point commun y a-t-il entre les femmes et les radars ?
Elles flashent sur les mecs qui ont des grosses voitures !

• Comment appelle-t-on une fille moche ?
On ne l'appelle pas !

• Pourquoi les femmes ne parviennent-elles pas à croiser le regard des hommes ?
Parce que les seins n'ont pas d'yeux !

• Qu'est-ce que le mariage ?
C'est la seule guerre où il faut coucher avec l'ennemi !

• Quelle différence y a-t-il entre une bite et une carte de crédit ?
Une femme ne refuse jamais de prendre la carte de crédit !

• Qu'est-ce qu'un mariage réussi ?
C'est celui d'un homme aveugle avec une femme muette.

• Qu'est-ce qu'une femme fidèle ?
C'est une femme qui ne fatigue qu'un seul homme.

• Quelle différence y a-t-il entre une femme et les impôts ?
Les impôts vous sucent jusqu'à la moelle !

• **Quels mots permettent de toujours avoir le dernier mot avec une femme?**
« Oui, ma chérie. »

• **Une femme de 20 ans, c'est comme un ballon de rugby: 30 hommes lui courent après.**
Une femme de 30 ans, c'est comme un ballon de foot: 22 hommes lui courent après.
Une femme de 40 ans, c'est comme un ballon de basket: 10 hommes lui courent après.
Une femme de 50 ans, c'est comme une balle de tennis: 2 hommes se la renvoient.
Une femme de 60 ans, c'est comme une balle de golf: 1 homme essaye de l'envoyer le plus loin possible!

• **Voici un test pour savoir qui du chien ou de votre femme vous aime le plus:**
1 – Ouvrez le coffre de votre voiture et enfermez-y votre femme et votre chien.
2 – Attendez une heure.
3 – Ouvrez maintenant le coffre et observez lequel des deux est content de vous revoir!

• **Quelle est la seule chose en or que les femmes détestent?**
Le silence!

• **Au comptoir d'un bar, deux types engagent la conversation:**
– Pourquoi vous buvez, vous?
– Ben… Ça fait trois mois que ma femme ne parle plus.
– Si vous voulez un bon conseil: prenez bien soin d'elle parce qu'une femme comme ça, c'est rare!

ALORS, TON VOYAGE À LOURDES ?
J'Y SUIS ALLÉ AVEC MA FEMME.
ET COMMENT ÇA S'EST PASSÉ ?
IL N'Y A PAS EU DE MIRACLES...
...JE SUIS REVENU AVEC !
CHAUVIN.

• Quels sont les quatre miracles de la femme ?
1 – Elle peut mouiller sans toucher l'eau.
2 – Elle peut saigner sans se blesser.
3 – Elle peut produire du lait sans manger d'herbe.
4 – Et elle peut surtout casser les couilles sans y toucher !

• Quelle serait la Cendrillon idéale ?
Une femme qui baiserait jusqu'à minuit et qui se transformerait ensuite en une pizza chaude et un pack de bières !

• Qu'est-ce qui mesure 16 centimètres et qui excite toutes les femmes ?
Un billet de 500 euros.

• Quelle fut la première femme au foyer ?
Jeanne d'Arc !

• Quel point commun y a-t-il entre une femme et une moto ?
Ça se met entre les jambes.

• Quel point commun y a-t-il entre une femme et un ouragan ?
Quand ça arrive, c'est chaud et humide, et quand ça repart, c'est avec la voiture et la maison.

• Quel point commun y a-t-il entre une femme et une piscine ?
Elles sont chères à entretenir.

• Quel point commun y a-t-il entre une femme intelligente et un extraterrestre ?
Tout le monde en parle et personne n'a de preuves.

• **Quelle différence y a-t-il entre la queue d'une vache et une cravate ?**
La queue de la vache cache tout le trou du cul !

• **Quelle différence y a-t-il entre une femme et un terroriste ?**
On peut négocier avec un terroriste.

• **Comment faire lorsque le lave-linge ne lave plus ?**
Mettez-lui un coup de pied au cul, elle va s'activer !

• **Quel est le point commun entre une femme et un bilan comptable ?**
Plus il y a de pertes, moins il y a de fonds propres.

• **Pourquoi est-il préférable d'acheter une chèvre que d'épouser une femme ?**
Parce que la chèvre a déjà le manteau de fourrure et qu'elle porte des cornes sans jamais poser de question !

• **Quel est le point commun entre les femmes et les patates ?**
On les aime sautées.

• **Quel est le point commun entre un pénis et une femme ?**
Les deux se dressent !

• **Pourquoi les femmes n'ont-elles pas de cerveau ?**
Parce que c'est livré avec la paire de couilles.

• **Quelle différence y a-t-il entre une femme et une porte ?**
Une porte ne crie pas « encore ! » quand on la défonce…

• **Pourquoi dit-on la « terre des hommes » ?**
Parce qu'il est impossible de faire « taire des femmes ».

• Quelle différence y a-t-il entre une pute, une salope et une chieuse ?
La pute est celle qui couche avec tout le monde. La salope celle qui couche avec tout le monde sauf avec toi, et la chieuse celle qui ne couche qu'avec toi...

• Pour énerver votre femme, que faut-il lui répondre lorsque vous êtes avachi sur le canapé et qu'elle vous demande ce que vous regardez ?
La poussière sur les meubles !

• Comment appelle-t-on une femme intelligente ?
Un travesti.

• Qu'est-ce que l'âge ingrat pour les filles ?
C'est l'âge où elles sont trop grandes pour compter sur leurs doigts et trop petites pour compter sur leurs jambes !

• Quelle différence y-a-t-il entre une femme et une pizza ?
Quand une pizza met plus de trente minutes pour venir, on est remboursé !

• Pourquoi vaut-il mieux avoir une bonne gueule de bois qu'une femme ?
Parce que la gueule de bois finit toujours par disparaître.

• Quel point commun y a-t-il entre une femme et un imperméable ?
Dès que ça mouille, il faut l'enfiler !

• Pourquoi Dieu a-t-il créé l'homme quelques minutes avant la femme ?
Pour qu'il ait l'occasion d'en placer une...

• **Quel est le féminin de macho ?**
Ma chose…

• **Un jour les femmes domineront le monde, mais pas demain, demain c'est les soldes !**

Vive les hommes !

• **Pourquoi seulement 1 % des hommes accèdent-ils au paradis ?**
Parce qu'autrement ce serait un enfer !

• **Dans le train, une jolie femme est assise face à un monsieur.** Elle demande à ce dernier :
– Pourriez-vous me rendre un service, s'il vous plaît ?
– Bien entendu !
– J'aimerais que vous m'aidiez à retirer un truc qui est sur ma poitrine…
– Ah ? Euh… Oui, de quoi s'agit-il ?
– De vos yeux !

• **Pourquoi le sexe sans préservatif est-il magique ?**
Parce qu'il fait apparaître un bébé et disparaître le père !

• **Quelle différence y a-t-il entre un homme et un dromadaire ?**
Le dromadaire peut travailler dix jours sans boire et l'homme peut boire dix jours sans travailler !

• **Quel point commun y a-t-il entre un homme et un melon ?**
Quand ils sont trop mûrs, la queue tombe !

• **Pourquoi les femmes conduisent-elles si mal ?**
Parce que les moniteurs sont des hommes !

• **Quelle différence y a-t-il entre un homme et une tomate ?**
Un jour, la tomate arrive à maturité !

• **Quels sont les sept défauts du pénis ?**
1 – Il a la tête trouée.
2 – Il a des bourrelets autour du cou.
3 – Il doit traîner deux boulets.
4 – Son voisin le plus proche est un trou du cul !

5 – Il travaille dans le noir.
6 – Il est payé en liquide.
7 – Il s'évanouit après le travail.

• **Quelle différence y a-t-il entre le slip d'un homme et la culotte d'une femme?**
Le slip de l'homme est un centre de redressement et la culotte de la femme un centre d'accueil.

• **Dans un couple de gays, lequel fait la femme?**
Le plus intelligent!

• **Quand un homme ouvre-t-il la portière de sa voiture à femme?**
Lorsque l'une des deux est neuve!

• **Quel est le seul endroit où on peut voir un homme avec un balai?**
Dans Harry Potter!

• **Quel point commun y a-t-il entre un homme et un poisson?**
C'est la queue qui les dirige!

• **Combien les hommes ont-ils de cerveaux?**
Deux: le petit et le gland.

• **Qu'est-ce qui mesure 40 centimètres et qui pend devant les trous du cul?**
Les cravates.

• **Pourquoi Splach le miroir?**
Parce qu'un mec, quand il se lève le matin avec un gros bouton blanc sur le nez, il se regarde dans la glace, et Splach le miroir…

• Combien faut-il de « grands garçons » pour remplacer une ampoule électrique ?
Aucun, les grands garçons n'ont pas peur du noir !

• Quelle est la différence entre un homme et des toilettes ?
On désire plus intensément aller aux toilettes.

• Pourquoi vaut-il mieux passer sa vie aux toilettes qu'aux côtés d'un homme ?
L'odeur est plus acceptable.

• Quelle est la différence entre une enfant de 3 ans et un homme ?
Le prix des jouets.

• Un homme marche avec un petit cochon sous le bras.
Un passant l'interpelle et lui demande :
– Où avez-vous trouvé ce porc ?
Le petit cochon lui répond :
– Je viens de le gagner à la fête foraine.

• Comment s'appelle la partie insensible du pénis ?
L'homme.

• Les femmes rêvent d'avoir un jour quatre animaux à la maison : un vison sur le dos, un jaguar dans le garage, un lion dans le lit et un âne pour payer les factures.
Mais elles n'ont en réalité qu'un bouc sur le dos, une chèvre au garage, un cochon dans le lit et un âne pour payer les factures.

• Comment un homme fait-il pour changer une ampoule électrique dans la cuisine ?
Il ne le fait pas, elle peut très bien faire la vaisselle dans le noir !

• Pourquoi les hommes penchent-ils leur tête pour réfléchir ?
Pour que leurs deux neurones puissent se mettre en contact.

• Pourquoi les hommes ont-ils toujours la conscience tranquille ?
Parce qu'ils ne l'ont jamais utilisée.

• Qu'est-ce qu'un homme dans un lit ?
Un chauffage d'appoint qui ronfle.

• Quel est le point commun entre les hommes et le pop-corn ?
Plus c'est chaud, plus ça saute.

• Pourquoi un homme n'est-il jamais à la fois beau et intelligent ?
Parce qu'autrement, ce serait une femme !

• Qu'est-ce qu'un homme prévoyant ?
Un homme qui achète deux packs de bière au lieu d'un.

• Quelle différence y-a-t-il entre une cravate, une ceinture et un homme ?
La cravate serre le cou, la ceinture serre la taille et l'homme sert à rien.

• Quel est le point commun entre les hommes et les brioches ?
Ils gonflent.

• Pourquoi y-t-il plus de femmes belles qu'intelligentes ?
Parce que les hommes se servent plus de leurs yeux que de leur tête.

• **Comment se passe la vie d'un homme après la mort de sa femme ?**
Il baise toujours autant qu'avant mais la vaisselle s'empile.

• **Pour un homme, quelle différence y a-t-il entre un vélo et une femme ?**
L'homme gonfle le vélo avant de monter dessus. Pour ce qui est de la femme, il monte dessus, puis la gonfle !

• **Qu'est-ce que faire l'amour ?**
C'est ce que fait une femme pendant qu'un homme baise.

• **Quel est le point commun entre un mari et l'appendicite ?**
Les deux font mal, mais lorsqu'on s'en débarrasse, on s'aperçoit qu'ils ne servaient à rien.

• **Les hommes, c'est comme une très mauvaise choucroute : une saucisse, deux petits choux de Bruxelles et une grosse tête de cochon !**

• **Combien d'hommes faut-il pour changer de rouleau de papier toilette ?**
Personne ne le sait, cela n'est jamais arrivé !

• **Quelle différence y-a-t-il entre un homme et un chien ?**
Après cinq ans de vie commune, le chien est encore excité en vous voyant rentrer.

• **Pour quelle raison les mecs n'ont-ils pas de règles ?**
Pour quoi faire ? Ils grognent en permanence !

• **Comment les hommes aident-ils leur femme à faire le ménage ?**
En levant leurs jambes pour qu'elle puisse passer l'aspirateur dessous.

• **Pourquoi les hommes ont-ils plus de risques que les femmes d'attraper le sida?**
Parce que malheureusement, les femmes ne fourrent pas les trous-du-cul, elles se marient avec!

• **Pourquoi les vieilles filles sont-elles toujours constipées?**
Parce qu'elles n'ont pas de mari pour les faire chier!

• **Pourquoi les femmes passent-elles plus de temps à se maquiller qu'à se cultiver?**
Parce que parmi les hommes, il y a plus de cons que d'aveugles!

• **Que feraient les hommes s'ils avaient un vagin?**
Ils frimeraient sur la taille de leurs tampons!

• **Quel est le point commun entre un homme et une tasse de café?**
Ça tape sur les nerfs!

• **Pourquoi les hommes sont-ils la preuve que la réincarnation existe?**
Parce qu'il n'est pas possible pas de devenir aussi con en une seule vie!

• **Qu'est-ce que les préliminaires pour un homme?**
Baisser sa fermeture Éclair!

• **Quel point commun y a-t-il entre les hommes et le pop-corn cuit au micro-ondes?**
Ça vient en trente secondes!

• **Comment sait-on qu'un homme a eu un orgasme?**
Il roule sur le côté et commence à ronfler…

• **Comment faire pour qu'un homme arrête de toujours vouloir faire l'amour ?**
Il suffit de l'épouser…

• **Pourquoi Dieu a-t-il donné aux hommes un cerveau plus gros que celui des chiens ?**
Pour qu'ils ne se branlent pas en public sur les jambes des gens !

• **Qu'est-ce que Dieu a dit après avoir créé l'homme ?**
Je peux mieux faire…

• **Quels sont les deux problèmes des hommes ?**
Sortir du ventre d'une femme et passer sa vie à vouloir y retourner !

• **Quelle est la position sexuelle que détestent les hommes et qu'adorent les femmes ?**
Le 69, parce que pour une fois, c'est la femme qui fume le cigare pendant que l'homme fait la vaisselle !

• **Quelle erreur commettent les femmes qui pensent que l'estomac d'un homme est le meilleur moyen de toucher son cœur ?**
Elles tirent encore trop haut !

• **Quels points communs y a-t-il entre les enfants et les maris ?**
Quand ils sont adorables, ce sont toujours ceux des autres…

Poutine et Kim Jong-un

• **Le dirigeant nord-coréen Kim Jong-un passe une troupe de militaires en revue.** Soudain, l'un d'eux éternue… Kim Jong-un se retourne et hurle :

– Qui a éternué ?!!

Personne ne répond.

– Qui a éternué ?!!

Silence de mort, tous les militaires restent de marbre… Kim Jong-un ordonne alors :

– Que tous les soldats du premier rang soient fusillés !

Et tous les soldats du premier sont fusillés sur place…

– Qui a éternué ?!! redemande Kim Jong-un. Personne ? Que tous les soldats du deuxième rang soient écartelés !

Et les soldats du deuxième rang sont amenés pour être écartelés.

– Qui a éternué ?!!

Toujours pas de réponse…

– Que tous les soldats du troisième rang soient décapités et que leurs restes soient donnés aux chiens ! Qui a éternué ?!!

Une petite voix se lève enfin du sixième rang et dit :

– Moi…

– C'est vous qui avez éternué ?

– Oui, votre excellence…

– À vos souhaits !

• **Vladimir Poutine se lève de bon matin et demande au soleil :**

– Qui est le plus puissant de tous les présidents ?

– C'est toi, Vladimir Poutine !

– Quel est le plus beau pays ?

– Sans nul doute, c'est la Russie !

Le soir, juste avant de se coucher, Poutine interroge de nouveau le soleil :

– Qui est le plus puissant de tous les présidents ?

– C'est Barack Obama !

– Comment ça ! Et quel est le plus beau pays ?

– Ce sont les États-Unis d'Amérique !

– Sale traître ! Ce matin tu disais encore que c'était moi et la Russie !
– Oui, mais maintenant… je suis passé à l'ouest !

• En Corée du Nord, deux prisonniers se racontent les raisons de leur emprisonnement.
– Moi, dit le premier, je n'avais pas affiché le portrait de Kim Jong-un chez moi. Je suis condamné à la prison à vie !
– Moi, dit le deuxième, je n'ai pas applaudi le discours de Kim Jong-un. Je ne vais faire que trois jours de prison.
– Mais c'est injuste ! Trois jours seulement ?
– Oui. Après on va m'écarteler avant de nous donner, moi et toute ma famille, à manger aux chiens.

• Quelle différence y a-t-il entre un poste de télévision américain et un poste de télévision russe ?
Aux États-Unis, on regarde le poste de télévision mais en Russie, c'est le poste de télévision qui vous regarde…

• Un avion dans lequel se trouve Vladimir Poutine, ses plus proches conseillers et Alina Kabaeva, sa maîtresse, s'écrase… Qu'est-ce qui est sauvé ?
L'Ukraine !

• Pourquoi les Nord-Coréens mangent-ils du chewing-gum dès le plus jeune âge ?
Pour apprendre à mâcher leurs mots…

• Pourquoi les soldats nord-coréens défilent-ils toujours par trois ?
Parce que le premier sait lire, le deuxième sait écrire, et que le troisième est là pour surveiller ce que les deux premiers lisent et écrivent.

• Pourquoi Vladimir Poutine ne joue-t-il plus aux quilles?
Parce qu'il a perdu la boule!

• Pourquoi n'y a-t-il pas de viande en Russie?
Parce que les moutons travaillent et les vaches gouvernent!

• La fille de Vladimir Poutine lui demande:
– Papa, je peux prendre de l'argent pour sortir?
– Oui, sers-toi dans le coffre.
– Combien je prends?
– Une dizaine de centimètres, mais pas plus!

• David Cameron, François Hollande et Vladimir Poutine contemplent un tableau d'Adam et Ève.
– Vous avez remarqué combien ils sont calmes, comme ils ont du style? dit David Cameron. À mon avis, ils sont anglais!
François Hollande le contredit:
– Cela m'étonnerait! Regardez! Ils sont beaux, fiers... À mon avis, ils sont français!
Et Vladimir Poutine conclut:
– Vous vous trompez tous les deux. Regardez bien... Il n'y a aucun doute, ils sont russes! Pas de vêtements, pas de maison, juste une pomme à partager, et on leur fait croire que c'est le paradis...

Découvrez aussi, dans la même collection

+ de 1 200 répliques hilarantes qui ont marqué le cinéma

Contactez l'auteur et retrouvez tous ses livres sur :
www.gaulet-livres.com